KB104066

1%의
마법

원하는 것이 모두
이루어지는

1%의
마법

오시마 노부요리 지음 | 김진아 옮김

유노
북스

인생을
마음대로 바꾸는 단 1%

'어차피 아무도 나를 알아주지 않을 것이다….'

'남의 눈치만 보는 나 자신한테 지친다….'

'무엇을 해도 잘 안 되니 스스로가 한심하다….'

'어쩐지 만사가 다 귀찮다….'

그렇게 살기 힘들다는 기분을 느끼고 있지는 않나요? 아무리 발버둥을 쳐도 마음속의 답답함은 사라지지 않고 우울함에서 빠져나오려고 저항하면 할수록 더욱 불안해집니다. 이제 무슨 짓을 해도 소용없다면서 아예 나 자신을 포기하는 사람도 있을 겁니다.

그렇지만 당신은 그런 조그마한 가능성으로 끝날 존재가 아닙니다. 자신의 한계를 미리 정하고 '나는 아무 가치도 없는 사람이다'라고 믿는 이유는 바로 당신의 마음속에 숨은 '리미터(limiter)' 때문입니다.

리미터는 무의식적으로 작용해 우리의 자유를 빼앗습니다. 가능성에 제한을 걸어 행복과는 정반대의 방향으로 우리를 강하게 잡아당깁니다. 그럼 우리는 이대로 리미터에게 인생의 항로를 빼앗기는 걸까요? 아닙니다. 우리는 리미터를 확실히 제거할 수 있습니다. 그것도 아주 특별한 방법으로요.

이 책에서는 리미터의 정체를 알고 내 안에 있는 리미터를 깨닫는 동시에 그 리미터를 벗겨 내는 방법을 알려 드립니다. 리미터에서 해방된 리미트리스(limitless), 즉 무한한 가능성의 세계는 깜짝 놀랄 정도로 자유롭습니다. 그곳에서는 내가 원하는 것을 있는 그대로 표현할 수 있습니다. 나도, 상대방도 서로 존중하고 웃으며 살아갈 수 있는 세상이죠.

'어떻게 그런 세상이 있겠어?'

이렇게 생각하십니까? 하지만 정말로 존재합니다. 자유로운 세계로 가는 티켓을 얻는 건 결코 어렵지 않습니다. 그저 '마음의 리미터'를 벗겨 내기만 하면 됩니다.

지금의 괴로움에서 벗어나고 싶다는 건 바로 마음이 자유로운 세상으로 가고 싶다고 외치는 증거입니다. 자, 당신의 가능성을 제한하고 있는 '마음의 리미터'를 벗겨 내 봅시다. 인생을 마음대로 바꾸는 단 1%의 가능성을 끌어올리며 행복하게 살아가도록 말이죠.

내 안의 가능성을
막는 것들

· 한번 불안해지면 끝없이 괴로운 이유 ·

예전에 저는 휴일마다 '내일 출근해야 한다'는 생각이 들어서 제대로 쉬지 못했습니다. 일 따위는 생각하고 싶지도 않은데 문득 '지금 쓰는 원고를 완성하지 못하면 어쩌지?'라는 생각에 불안해지면서 굳이 안 해도 되는 원고 확인을 했습니다.

또 회사에서 있었던 일을 생각하기도 했습니다. 그러자 과거에 회사 건물의 경비원이 저한테만 무례한 태도를 보여서 언짢았던 기억이 떠올랐습니다. "너 이 자식!" 하고 경비원과 실랑이하는 장면을 상상하자 마음은 더욱 괴로워졌습니다. 더 과거로 거슬러 올라가 대학

시절에 저만 술자리에 초대받지 못했던 일, 다른 사람들과의 대화에 끼지 못했던 나쁜 기억이 차례로 떠올랐고 침울한 기분으로 괴로워지곤 했습니다.

저는 손꼽아 기다리던 휴일에 업무나 과거의 불쾌한 기억들을 떠올리며 괴로워하고 있었습니다. 어느 정도의 차이는 있겠지만 여러분도 비슷한 경험이 있을 겁니다. 특히 출근을 앞둔 일요일 저녁이면 더욱 울적해져서 그 무엇도 편히 즐길 수 없게 됩니다.

이렇게 한번 괴로움의 굴레에 빠지게 되면 좀처럼 벗어나기가 힘듭니다. 앞으로 나에게는 희망도 그 무엇도 없을 것 같아 절망적인 기분에 사로잡히는 거죠.

'일이 잘 안 풀려서 다들 나를 경멸하면 어쩌지? 비참하게 자포자기나 하고 결국 전부 망해서 길거리에 나앉게 된다면….'

이런 상상으로 앞날이 깜깜해지며 더욱 풀이 죽고 맙니다. 우울한 일요일 오후가 되면 저는 조금이라도 기분 전환을 하기 위해 텔레비전을 보거나 게임을 하고 인터넷으로 이것저것을 검색했습니다. 하지만 그 허무함은 이루 말할 데가 없습니다. 이런 일들이 비생산적이라고 해도 내일에 대한 불안감 때문에 반복하게 되죠.

· 최악의 경우를 걱정하며 한계를 만든다 ·

이렇게 저처럼 뭐든 부정적으로 생각하는 사람을 '마이너스 사고의 소유자'라고 합니다. 또는 '너무 성실한 사람'으로 봐도 좋습니다. 주변 사람들로부터 "그냥 마음 편하게 살면 되잖아", "넌 너무 성실해서 탈이야" 등의 말을 자주 듣지만 정작 본인은 자신이 성실하다고 생각하지 않습니다. 게다가 마음을 어떻게 편히 먹어야 할지 모르겠어서 답답함을 느끼기도 하죠.

왜 이런 일이 생기는 걸까요? 왜 이렇게 온갖 나쁜 일만 떠올리며 괴로워하는 건지 궁금했던 제가 여러 가지 심리학 자료를 살펴보던 때였습니다. 다양한 사례를 찾아 읽던 어느 날, 어린 시절 경험 하나가 떠올랐습니다.

저는 콧물이 조금만 나와도 감기에 걸렸을까 봐 불안해하면서 어머니한테 약을 달라고 조르던 아이였습니다. 그러면 어머니는 "넌 그 정도로 왜 자꾸 약을 먹으려고 하니?" 하고 혼을 냈죠. 저는 "아픈 걸 그냥 뒀다가 더 심해져서 학교에 못 가면 안 되니까 미리 손쓰려고 하는 건데…"라며 투덜거리곤 했습니다.

혹시 나의 부정적인 사고도 이와 마찬가지로 그저 걱정이 많아서 생긴 걸지도 모른다고 생각하니 마음이 가벼워졌습니다. 이런 사람은 거의 없을지도 모르겠지만, 저는 평소에 살짝 두통만 와도 '혹시 뇌혈관이 막힌 게 아닐까?' 하고 불안할 때가 종종 있었습니다. 그렇게 생각하게 된 배경에는 '미리 최악의 경우를 예상해서 큰 병을 피하자'는 사고가 있었죠.

그렇다면 제가 점점 미래를 불안해하거나 인간관계에서 겪었던 불쾌한 경험을 떠올리는 것도 앞으로 일어날 수 있는 불행을 방지하기 위해서일지도 모른다고 생각하니 쉽게 이해됩니다.

병에 걸렸을지도 모른다며 불안해하고 최악의 경우를 상상할수록 실제로 몸 상태가 더 안 좋아지기도 했습니다. 위궤양에 시달리거나 원인을 알 수 없는 발열로 앓아눕기도 하고 복통으로 움직이지 못한 적도 있었죠. '큰 병을 앓고 싶지 않다'는 불안함이 오히려 자잘한 질병을 만들어 제 자유를 옭아맸던 겁니다.

미래의 불행을 미리 막으려고 하면 할수록 그 불행은 현실이 됐습니다. '봐라, 역시 내 생각이 맞지' 하는 생각에 더욱 괴로웠지만 어쩌면 그것마저도 제가 자초한 걸지도 모릅니다. 실제로 병에 대한 불안이 심해서 저를 지키려 애를 쓰던 시기에는 큰 병에 걸릴까 봐 여행도 가지 못했습니다. 운동 또한 시작하고 금세 컨디션이 안 좋아져 오래할 수 없었습니다.

• 불안이 강해지면 마음의 리미터가 작동한다 •

이 모든 것이 제 안에서 제멋대로 작동한 안전장치가 행동을 제한했기 때문입니다. 이처럼 '자신의 행동에 강한 제한을 거는 것'을 이 책에서는 '리미터'라고 정의했습니다. 이 리미터는 보통은 자신을 지키기 위해 존재하지만, 어느새 자신의 행동을 제한하고 발목을 잡는 일이 종종 일어납니다. 그렇게 되면 하지 않아도 될 걱정으로 편히 생활하지 못하거나 불안감이 앞서 뜻대로 행동하지 못하고 자신의 진정한 실력을 발휘하지 못하게 됩니다.

저는 이 리미터를 벗겨 내기 위해서 다양한 방법을 시도했습니다. 그렇게 발견한 방법으로 한계를 없앴더니 병에 대한 걱정에 지배당하는 일도 사라졌습니다. 이제는 걱정을 너무 심하게 해서 컨디션이 나빠지는 일도 전혀 없습니다. 병에 대한 불안감에서 해방되고 나서는 매일 조깅도 할 수 있게 됐습니다. 지금도 꾸준히 운동하는 저는 매우 건강해져서 어디든 자유롭게 다닐 수 있게 됐죠.

원인을 알 수 없는 불안감에 지배당하지 않고 지금보다 훨씬 대단한 내가 되는 상상만 해도 두근거리지 않습니까? 이제부터 그 방법을 알려 드리고자 합니다.

목차

1부 _
무엇이 당신의
가능성을 막는가? _____

1장_ 한계를 만드는 불안을 벗어던져라

2장_ 가능성을 끌어올리는 질문, "마음이여"

3장_ 나는 어떤 한계를 갖고 있을까?

2부 _
1%의 마법으로
이루어지는 것들 _____

1장_ "일"을 잘하고 싶은 당신에게

2장_ "돈" 걱정을 덜고 싶은 당신에게

3장_ "가족" 문제로 힘들고 싶지 않은 당신에게

4장_ 더 성숙한 "연애"를 하고 싶은 당신에게

5장_ 몸도 마음도 "건강"하게 살고 싶은 당신에게

무엇이
당신의
가능성을
막는가?

1장

/

한계를
만드는
불안을
벗어던져라

오지도 않은 불행을
걱정하는 당신에게

· 미래에 대한 불안이 가능성을 잡아먹는다 ·

자동차나 오토바이에는 '최대 속도 ○㎞/h'라는 속도 제한 표시가 있습니다. 이것은 과속으로 발생하는 위험을 방지하거나 배기가스의 배출량을 줄이기 위해, 혹은 연비 효율을 높이기 위해 부착된 안전장치, 즉 '리미터'입니다. 이 리미터는 여러 기계에 설치돼 있는데, 우리 마음속에도 이런 리미터가 자리하고 있습니다.

예를 들어 제가 가졌던 첫 번째 리미터는 '병에 걸릴 것을 걱정하고 큰 병을 피하기'였습니다. 이 리미터는 잔병치레 외에 큰 병에 걸려서 다른 사람에게 폐를 끼치지 말자는 역할을 하고 있었습니다. 어떻게든 큰 병을 피하려는 이 리미터 때문에 저는 여행을 갈 때마다 금방 몸이 안 좋아져서 도중에 돌아오기도 했고, 업무 때문에 조금이라도 무리하면 배탈이 나서 일을 계속하기 어려운 상태가 되곤 했습니다. 또한 쉽게 감기에 걸려서 일을 쉬거나 열 때문에 앓아눕는 일도 몇 번이나 반복됐죠.

큰 병에 걸리지 않으려고 하도 신경을 쓰는 바람에 오히려 어처구니없이 잔병을 달고 살았습니다. 과도하게 걱정하지 않으면 될 일이지만, 만약 그러다가 정말 엄청난 병에 걸리면 어쩌나 불안해져서 좀처럼 이 생활에서 벗어나질 못했습니다.

그러던 어느 날, 저는 한 번만 제대로 이 리미터를 해제해 보자고 마음먹었습니다. 그랬더니 몸도 훨씬 건강해졌고 여행만 가면 몸이 안 좋아지는 사태도 더는 일어나지 않았습니다. 예전처럼 병을 걱정하지 않고 하루하루를 자유롭게 즐길 수 있게 된 겁니다.

저의 두 번째 리미터는 '미래에 일어날지도 모르는 큰 불행을 걱정하느라 눈앞에 있는 즐거운 일을 포기한다'였습니다. 저의 부모님은 제가 어릴 때부터 〈개미와 베짱이〉 이야기를 들려주면서 이렇게 당부했습니다.

"지금 아무 생각 없이 느긋하게 살면 나중에 망해서 결국 불행해지고 만단다."

그래서 저는 어떤 일을 하든 항상 불쾌한 일이나 불행한 일을 먼저 생각하고 언제든 대비할 수 있도록 행동했습니다. 그러다 보니 즐거워야 할 상황에도 자꾸 안 좋은 일이 떠올라서 휴일을 우울하게 보낼 수밖에 없었습니다.

· 지금 이 순간을 즐겨라 ·

이 괴로움은 언제 일어날지 모르는 커다란 불행을 피하기 위한 것이었습니다. 하지만 리미터를 없애 보자고 마음먹고 불안감을 내려놓았더니 오히려 이런 사실을 깨달았습니다.

'느긋하게 살아도 전혀 불행해지지 않잖아?'

그 이후 저는 일요일 저녁마다 불안을 느끼지 않고 그 순간을 온전히 즐길 수 있게 됐습니다. '오지 않은 불행에 대한 불안'에서 해방되니 여러 가지 일도 할 수 있게 됐습니다. 덕분에 저 자신도 깜짝 놀랄 정도로 효율적으로 일할 수 있다는 사실을 깨달았죠. 불행에 대한 불안을 벗어던지는 일, 즉 리미터를 해제하니 자유로운 아이디어까지 펑펑 샘솟아 하루하루가 즐거웠습니다.

우리는 안전을 위한 여러 리미터를 갖고 있습니다. 하지만 나의 능력까지 제한하는 리미터를 벗어던지면 더 자유롭게 살 수 있습니다. 이제껏 발견하지 못했던 내 안의 숨은 능력을 이제부터 발휘할 수 있다고 생각하면 인생이 더 즐거워질 것 같지 않습니까?

저는 이 외에도 제 안에 있는 다양한 리미터를 찾아낼 수 있었습니다. 지금부터 여러분에게 그 몇 가지를 소개하고자 합니다.

변화를 만드는 1%의 마법

○ 오지도 않은 불행을 걱정하느라 현재와 미래를 전부 놓치고 있지는 않습니까?

나도 모르는
내 안의 한계 발견하기

• 점차 발견하게 되는 나의 '리미터' •

저에게는 오래된 고민이 있었습니다. 바로 다른 사람 앞에서 말을 능숙하게 하지 못한다는 것이었죠. 그런데 이 고민이 제가 만든 한계, '리미터'라는 걸 알게 됐습니다. 남들 앞에서 말실수를 저질러서 인간 관계가 무너지는 일을 막기 위해 만들어진 겁니다.

'나는 말을 잘 못하니까 내 생각은 최대한 입 밖으로 꺼내지 말자.'

하지만 말을 참을수록 스트레스와 분노가 쌓였고 결국 저는 폭발

하고 말았습니다. 인간관계를 망가뜨리지 않도록 배려한 일이었는데 오히려 인간관계를 망치는 원인이 돼 버린 겁니다.

또 다른 재미있는 리미터도 발견했습니다. 바로 '남들과 친해지기 힘들다'는 것이었습니다. 다른 사람과 친밀해지면 상대에게 상처를 줄지도 모르니까 차라리 친해지지 않는 게 안전하다고 생각해서 만들어진 특이한 리미터였죠.

이 리미터를 해제하자 재미있는 일이 일어났습니다. 전에는 믿으면 안 될 사람을 믿어서 크게 속고, 정작 믿어야 할 사람은 멀리하는 비합리적인 상황에 처할 때가 많았습니다. 그런데 리미터를 벗어던지니 오히려 인간관계의 거리감을 제대로 유지할 수 있었습니다. 지금은 믿어도 될 사람을 믿고, 믿어서는 안 될 사람과는 자연스럽게 멀어지는 요령을 터득하게 됐습니다.

· 이렇게 자유로울 수 있었다니! ·

마지막으로 제 안에 있던 또 하나의 리미터를 소개하겠습니다. 바로 '정리할 수 없다'는 것이었습니다. 제대로 정리를 해 두면 마치 일을 하나도 안 한 것처럼 보여서 '아무것도 하지 않은 나의 무력함'을 세상에 보여 주는 꼴이라고 생각하는 바람에 '정리를 못하는 리미터'가 걸려 있던 겁니다. 그래서 제 책상은 언제나 서류가 잔뜩 쌓여 있고 매우 너저분했습니다.

'이것도 하고 저것도 해야 하는데!'

그러다 보니 머릿속도 제대로 정리되지 않아서 혼란에 빠질 때가 많았습니다. 그런데 이 리미터를 벗겨 놓고 보니 내가 아무것도 하지 않았다고 믿게 된 건 오히려 주변 정리를 하지 않았기 때문이라는 사실을 깨달았습니다. 책상 위, 서랍 등을 깔끔하게 정돈하고 나니 비로소 그 안에서 제가 지금까지 마무리한 일거리가 차곡차곡 쌓여 있는 걸 발견했죠. 그것들을 바라보면서 '나도 제법 열심히 살았구나' 하는 개운함을 맛볼 수 있었습니다.

책상과 서랍이 정리될수록 머릿속도 점점 정리되는 기분이었습니다. 앞으로 해야 할 일도 그리 힘든 일이 아니라는 걸 깨달았고 저도 모르는 사이에 뒤로 미루기만 했던 일을 쉽게 끝낼 수 있게 됐습니다.

이 리미터들은 모두 나의 결점, 혹은 결점이라고 느낀 점들을 숨기기 위해 만들어졌습니다. 그렇지만 이런 리미터가 오히려 나의 한계를 만들고 스스로를 믿지 못하게 만드는 장치였다는 흥미로운 사실을 알 수 있었죠. 나를 안전하게 지켜 준다고 생각했던 리미터를 벗어던지고 보니 '이렇게나 자유로울 수 있는 걸까?' 하고 놀라기도 하면서, 저는 리미터에 대해 점점 더 알고 싶어졌습니다.

변화를 만드는 1%의 마법

○ 오랫동안 고민한 문제가 있나요? 혹시 그 문제가 불안함이 만들어 낸 한계 때문은 아닌지 생각해 봅시다.

할 수 없다는 마음은
언제 생겼을까?

• 인생 초기에 형성된 리미터의 정체 •

이 세상에는 다양한 리미터가 있습니다. 리미터는 고정 관념, 가치관, 체면, 사회 규범, 잘못된 믿음 등에 의해 생깁니다. 우리의 가능성을 억누르고 본래 능력을 발휘할 수 없게 하거나 자유로운 생각과 행동을 방해하는 것이죠. 그렇다면 이런 리미터는 언제, 어떻게 만들어지는 걸까요?

자식을 걱정하는 '부모의 말'이 계기가 되는 경우가 많습니다. 리미터의 본래 목적은 '안전하게 살도록 하는 것'입니다. 그래서 자식이 위험에 처하지 않을까 너무 걱정한 나머지 침이 마르도록 충고하고 염

려하는 부모의 말이 리미터가 되기도 합니다.

예를 들어 어린아이는 바로 눈앞의 일에만 신경을 쓰고 행동합니다. 반면 부모는 아이에게 미래의 일까지 생각해야 한다며 주의를 줍니다. 그러면 아이의 마음에 이런 의식이 생기는 겁니다.

'앞날을 생각하지 않으면 큰일이 나는구나.'

하지만 아무리 앞날을 대비한다고 해도 나쁜 일은 일어나기 마련입니다. 오히려 앞날을 걱정하고 고민할수록 '현재'를 살 수 없기 때문에 지금 이 순간이 불행해지죠. 그런데도 부모는 "제대로 생각하고 행동하지 않으니까 이런 꼴을 당하지"라며 아이를 꾸중합니다.

앞서 언급한 '미래에 일어날지도 모르는 불행을 예상해서 행동해야 한다'는 리미터가 부모의 이런 충고 때문에 생겼다고 해도 과언이 아닙니다. 부모에게 "넌 앞날을 조금도 생각하지 않으니까"라는 말을 듣고 싶지 않아서 언제 일어날지 모를 불행한 사건을 상상하고, 그러다 정말 안 좋은 일을 겪게 됩니다. 불행한 일을 걱정할수록 불행해지는 악순환에 사로잡히는 겁니다.

이런 리미터를 얼른 털어 버리면 좋겠지만 아이의 입장에서는 '부모'에게 부여된 사고방식이므로 이 리미터가 자신을 지켜 주는 중요한 것이라고 믿게 됩니다.

· 부모의 걱정이 리미터를 만든다 ·

제 경험을 예로 들자면, 저는 어린 시절에 부모님이 이런 걱정을 자주 하곤 했습니다.

"이 애는 다혈질이라서 크게 화나면 다른 사람을 때릴지도 몰라."

더 나아가서는 "남에게 폭력을 가하면 지옥에 떨어진다!"라고 말하곤 했습니다. 기독교 가정에서 자란 저에게 지옥에 떨어진다는 말은 그 무엇보다 무서운 말이었습니다. 그래서 친구가 저를 때려도 반격하지 못하고 울면서 선생님에게 호소할 수밖에 없었죠. 그러나 선생님은 '직접 괴롭히는 아이에게 스스로 맞서지 못하고 바로 남의 도움을 구하는 건 비겁한 행동'이라고 말했습니다.

이러지도 저러지도 못하는 상황에서도 결국 저는 '맞서기 위해 똑같이 폭력을 쓰면 지옥에 떨어진다'는 강박이 너무 심해서 아무리 얻어맞아도 반격할 수 없었습니다. 게다가 맞으면 맞을수록 상대에 대한 증오심이 커져 이런 걱정까지 하게 됐습니다.

'이러다가 정말 남을 다치게 해서 교도소에 들어가고 인생을 망치게 될지도 몰라….'

자식을 걱정해서 한 부모의 말 때문에 저는 점점 남을 겁내고, 하고 싶은 말이 있어도 똑 부러지게 하지 못하는 아이가 돼 갔습니다.

가끔 제가 부모님에게 말을 잘못 꺼내면 부모님은 '이 애는 사회에 나가서도 사람들의 미움을 살지도 모른다'고 걱정했습니다. 그래서 제게 '모난 돌이 정 맞는다', '높은 곳의 나뭇가지는 바람에 꺾인다(가지가 높은 곳에 뻗은 나무일수록 바람이 세서 잘 꺾이기 쉽다)'는 교훈을 가르치셨죠. 그런 과정을 거쳐 결국 저는 '내 생각을 남에게 말하는 게 무섭다'고 느끼는 사람이 되고 말았습니다.

변화를 만드는 1%의 마법

○ 아이의 미래를 걱정해서 한 말이 아이의 가능성을 억누를 수 있습니다.

걱정을 털어 내면
가능성이 깨어난다

↓

· 부모의 공포심이 나의 한계를 강화한다 ·

여기까지 읽고 나면 여러분은 '정말 부모의 말 때문에 리미터가 만들어지는 건가?'라고 생각할지도 모릅니다. 그러나 리미터라는 건 바로 그런 겁니다. 부모마다 다르겠지만, 걱정이 많은 사람이라면 자식 걱정을 할 때마다 극단적인 장면을 자주 떠올릴 겁니다. 그런 부모의 공포심이 아이에게 전달되면, 아이는 '부모의 말을 따르지 않으면 무서운 일을 겪는다'고 믿게 되겠죠. 그리고 무서운 일을 겪고 싶지 않은 아이의 마음속에 리미터가 작동합니다.

저의 사례를 들어 설명하자면, 저는 남 앞에만 서면 긴장해서 하고 싶은 말을 못 하는 이런 리미터 때문에 설명을 빼먹고 일을 진행할 때가 많았습니다. 그러면 주변 사람들은 '참 본인 생각대로만 행동한다'며 오해하고 비난하기도 했고, 그럴수록 저는 더더욱 '역시 다른 사람들은 무서워'라고 생각하게 됐습니다. 그럴수록 내 생각을 함부로 입에 올리면 안 된다는 생각도 더욱 강화됐습니다. 저는 자유롭게 의견을 말할 수 없는 사람이 돼 갔습니다.

상담을 받으러 온 한 남자 내담자의 사례를 설명해 보겠습니다. 그의 머릿속에는 '자유롭고 과감하게 일할 수 없다'는 리미터가 있었습니다. 기발한 아이디어를 떠올리면서 즐겁게 일하고 싶은데 '자유롭게 생각하면 큰일이 난다'는 공포심 때문에 아무것도 생각할 수 없게 된다는 것이었습니다.

이야기를 들어 보니 남자의 외할아버지가 매우 자유분방한 사람이었다고 합니다. 일정한 직업도 없이 외도를 반복하는 등 내키는 대로 살아서 외할머니와 어머니가 크게 고생을 했죠. 그의 어머니는 이런 걱정을 했다고 합니다.

'이 애는 그냥 두면 할아버지처럼 멋대로 살아갈지도 몰라. 그렇게 되면 큰일이야!'

자유롭게 생각하면 큰일이 난다는 생각, 즉 자유로운 발상에 대한 리미터가 남자의 가능성을 억눌렀습니다. 조금만 과감하게 생각하려고 하면 '위험!'이라는 생각이 떠오르면서 사고 정지 상태에 빠지게 된 겁니다.

• 세 살 버릇이 여든까지 간다 •

남자는 어머니가 정해 준 대학에 진학하고 어머니가 좋아할 만한 탄탄한 기업에 취직했습니다. 건실한 직장이었지만 자유롭게 생각할 수 없는 리미터 때문에 일하는 게 점점 괴로워졌습니다.

그는 저와 함께 '자유로운 발상에 대한 리미터'를 벗어던지기로 했습니다. 물론 그렇게 한다고 해서 어머니가 걱정하는 대로 일을 그만두고 원하는 대로 사는 일은 절대 일어나지 않았습니다. 오히려 기발하고 자유로운 아이디어를 떠올리며 일할 수 있다는 기쁨을 느낄 수 있게 됐습니다.

주변 사람들과의 인간관계도 좋은 방향으로 흘러갔습니다. 그는 이제까지 '나처럼 어중간한 사람이랑 친구가 되면 상대한테 폐만 될 뿐이다'라고 생각하면서 친구 사귀는 일을 피하곤 했습니다. 그런데 리미터가 사라지자 사람들과 함께 있는 시간이 너무 즐겁고, 출근하기 싫어서 월요일에 일어나기 힘들었던 현상도 사라졌습니다.

이런 사례로 볼 때, 리미터는 부모의 걱정과 그 걱정에서 나오는 '말'에 의해 쉽게 생기고 강화된다는 사실을 알 수 있습니다. 그리고 어린 시절에 부모에게 주입된 리미터는 아이가 어른이 될 때까지 유효할 뿐 아니라 언제까지고 우리의 행동을 제한하고 속박한다는 것도 말이죠.

변화를 만드는 1%의 마법

○ 어린 시절에 만들어진 리미터가 어른이 된 나의 가능성까지 옭아맵니다.

2장

가능성을
끌어올리는
질문,
"마음이여"

무의식에 당신이 몰랐던 진실이 있다

• 최면 요법은 정말 효과가 있을까? •

저는 학창 시절에 공부의 효율이 오르지 않는 이유를 자주 고민했습니다. 공부에 많은 시간을 투자해도 학습 내용을 거의 기억하지 못해서 초조했지만, 조바심이 날수록 공부한 내용은 더욱 기억나지 않았기 때문입니다.

그러다 문득 '최면 요법(최면의 특성을 이용한 심리 요법)을 이용해서 기억력을 높일 수는 없을까?'라는 생각을 하게 됐습니다. 바로 서점에 가서 최면 요법으로 기억력을 높여 주는 책과 테이프를 샀습니다. 테이프는 자기 전에 듣는 것이었는데, 이런 내레이션이 흘러나왔습니다.

"당신은 붉은 카펫이 깔린 계단을 한 발, 두 발, 천천히 내려가고 있습니다."

"당신의 무의식 속에 있는 기억력의 문을 열고···."

소위 말하는 유도 최면이었습니다. 그걸 듣고 잠이 들었다가 일어난 뒤에 공부하면 학습 내용을 잘 기억할 수 있다는 원리였습니다. 저는 정말 효과가 있을지 반신반의하며 실행에 옮겼습니다. 하지만 학습 내용보다는 과거에 겪었던 안 좋은 일들이 떠올랐죠. 최면 요법이 기억력의 문이 아니라 과거의 불쾌했던 기억의 문을 열어 버린 모양입니다. 결과적으로 저는 공부에 전혀 집중할 수 없었고 시험 점수도 엉망진창이었습니다.

그 후에도 다양한 최면 학습에 도전했습니다. 관련 도서를 읽고 실천해서 성공한 것도 한 가지 있었는데 바로 '꿈속에서 공부하고 확실히 익힌다'는 방법이었습니다. 공부를 하고 잠들자 '공부한 범위 이상까지 술술 외워서 기뻐하는 꿈'을 꿨습니다. 그다음 날, 우연인지 신기하게도 꿈에서 공부한 문제가 시험에 나와서 쉽게 답을 적을 수 있었고 저는 아주 높은 점수를 얻었습니다.

이 방법을 한 번 더 시도했지만 안타깝게도 그 이후로는 효과가 없었습니다. 꿈속에서 공부해도 아침이 되면 꿈의 내용을 전혀 기억할 수 없었죠. 결국 저는 최면 학습을 포기할 수밖에 없었습니다.

· 최면 요법에 대한 오해 ·

대학을 졸업하고 알코올 중독 클리닉에서 심리 상담을 했습니다. 그때 저에게는 '내담자의 이야기를 듣기만 해서는 치료가 너무 오래 걸린다'는 고민이 있었습니다. 심리 상담은 기본적으로 내담자의 이야기를 듣는 것이고, 이야기를 듣는 것만으로도 내담자에게 도움이 될 때도 있지만 '좀 더 빠르고 간단히 치료할 수는 없을까'라는 생각을 떨칠 수 없습니다.

그래서 학창 시절에 실험했던 최면 요법을 제대로 배워 보자고 결심했습니다. 최면 요법을 제대로 배운다면 음주를 그만두지 못해 괴로워하는 사람에게 최면을 걸어서 술을 마시지 않도록 도울 수 있지 않을까 생각한 겁니다.

저는 최면 요법을 배우기 위해 최면 전문가 선생님을 찾아갔습니다. 처음엔 엄숙한 분위기가 풍기는 사람을 상상했는데, 막상 만나 보니 평범한 직장인처럼 보이는 아저씨여서 맥이 빠지고 말았죠. 그런 상태에서 그분의 최면 요법을 보고 있자니 '정말 이런 사람한테 최면 요법을 배워도 괜찮을까?' 하는 불안감이 더욱 커졌습니다.

제가 상상했던 최면 요법은 '당신의 고민은 저의 목소리와 함께 사라집니다', '고민이 단숨에 사라지고 맙니다'처럼 텔레비전에 나올 법한 최면술이었습니다. 그런데 선생님이 가르치는 최면은 이런 방식으로 진행됐습니다.

"그 증상을 통해 당신의 마음이 당신에게 하는 말을 들어 봅시다."

제가 생각했던 최면술처럼 '증상을 없앤다', '고민을 사라지게 해 준다' 같은 말과는 전혀 다른 것이었죠. 선생님의 최면 요법은 바로 '마음의 소리'를 듣는 방법이었습니다.

변화를 만드는 1%의 마법

○ 모든 증상에는 이유가 있습니다. 겉으로 드러나지 않은 무의식적인 마음을 들여다보지 않으면 그 어떤 것도 알 수 없습니다.

나를 고민하게 만든
사건을 찾아라

↓

• 자꾸만 안절부절못하는 이유 •

선생님의 최면 요법은 제가 상상하던 것과 매우 달랐습니다. 저는 불만을 느끼고 그곳을 떠나려 했습니다. 하지만 정말 이런 방법으로 증상이 나아질 수 있는지 시도조차 하지 않는 것은 좀 아까웠기에 연수 중에 모두의 앞에서 제 고민을 털어놓았습니다. '이런 최면으로 내가 바뀌기야 하겠어?'라며 자포자기한 마음으로 말이죠.

그때 제 고민은 '방 안에 있으면 자꾸만 안절부절못한다'는 것이었습니다. 텔레비전을 봐도 계속 채널을 돌리고, 앉았다가 일어나기를 반복하면서 좀처럼 가만히 있지를 못했죠. 의자에 앉아 공부를 하다가도 10분도 안 돼서 목욕물을 다 받았는지 확인하기 위해 욕실에 가고, 또 잠시 있다가는 가스레인지의 때가 거슬러서 갑자기 청소를 시작했습니다.

하도 앉았다가 일어서기를 반복하느라 의자에 차분히 궁둥이를 붙이고 있지를 못해서 제 의자는 앉는 면이 닳아 너덜너덜해질 정도였습니다. 친구는 이렇게 오래된 의자는 빨리 버리라고 했지만, 사실 하도 제가 안절부절못하는 바람에 너덜너덜해진 거였지 오래된 의자는 아니었습니다.

저는 이 고민을 '우리 아버지도 차분하지 못한 사람이었으니까 유전이겠지'라며 성격적인 문제로 치부해 버렸습니다. 그래서 어차피 낫지 않을 거라고 생각하며 선생님의 행동을 기다렸습니다.

· 처음으로 마음의 목소리를 듣다 ·

선생님은 저를 최면 상태로 이끌었습니다. 그리고 '마음에 대고 묻기'를 시작했습니다. 저는 최면 상태에 빠지면서도 의심스러웠습니다. '마음에 물어 봤자 어차피 나한테 묻는 거잖아? 보나 마나 이미 아는 것만 답하겠지' 싶은 생각으로 마음의 대답을 예측하며 선생님의 질문을 기다렸습니다.

"마음이여, 집에서 차분하게 있지 못하고 안절부절못하는 행동에 의미가 있습니까?"

저는 머릿속에서 '무슨 의미가 있겠어?' 하고 생각했죠. 그런데 어찌 된 영문인지 제 마음은 '네! 있습니다'라고 대답하지 뭡니까. 처음에는 선생님에게 유도당해서 나온 대답이겠거니 생각했습니다. 이번에 선생님은 "마음이여, 어떤 의미가 있는지 알 수 있습니까?"라고 물었습니다. 저는 머릿속으로 '뭐 이유가 있겠어?' 하고 받아쳤지만, 마음은 또 '네! 알 수 있습니다' 하고 제멋대로 대답했습니다.

그 순간, 제 머릿속에 어린 시절의 힘들었던 기억이 되살아났습니다. 초등학교 저학년 때, 모두에게 놀림을 받고 울면서 집에 돌아왔는데 부모님이 "뭘 그렇게 우니!"라고 혼을 냈고, 제가 펑펑 울면서 이불 위에 앉아 기도하던 모습이었죠.

'솔로몬 왕처럼 다른 사람보다 훨씬 똑똑해지고 싶어!'

당시 제 기준에서는 솔로몬 왕이야말로 현자의 상징이었습니다. 그리고 솔로몬 왕처럼 똑똑해지는 것과 내가 차분하게 굴지 못하는 이유가 어떤 연관이 있는지 생각할 때, 선생님은 "마음이여, 그게 어떻게 관련이 있습니까?"라고 질문했습니다. 그러자 제 머릿속에 이런 이미지가 서서히 떠올랐습니다.

'이리저리 움직임으로써 다양한 지식을 흡수한다.'

가만히 있지 못하면서 그 무엇도 주의 깊게 살펴보지 않은 것처럼 보였지만, 사실은 이리저리 돌아다니며 다양한 것을 살피던 저의 모습이 서서히 인식됐습니다.

변화를 만드는 1%의 마법

○ 마음에게 질문할수록 당신도 몰랐던 감정, 행동의 원인을 알 수 있습니다.

99%의 가능성을 깨우는
1%의 믿음

↓

• 할 수 없었던 일들을 할 수 있게 되다 •

저는 줄곧 저 자신이 침착하지 못해서 한심하고 부끄러웠습니다. 왜 그렇게 참을성이 없냐며 스스로를 탓하기도 했죠. 그런데 모두에게 놀림거리가 되지 않기 위해 이리저리 움직이면서 다양한 지식을 흡수하려는 제 모습을 보자 "이제 됐어", "그만해도 괜찮아"라는 말을 해 주고 싶어졌습니다.

그때 왈칵 눈물이 쏟아졌습니다. 최면에서 깨어나자, 여러 사람 앞에서 눈물을 닦고 있는 저는 신기하게도 조금도 불안하지 않았습니다. '모두에게 놀림거리가 될지도 모른다'고 생각하며 두려워하던 저는 그곳에 없었습니다. 이제는 그냥 여기 있어도 된다는 생각과, 더는 정신없이 이곳저곳을 돌아다닐 필요가 없어졌다는 안도감을 곱씹을 뿐이었습니다.

더 신기한 건 그날 집에 돌아가서 텔레비전을 켰을 때였습니다. 평소에는 늘 채널을 바꾸기 바빴는데 그날은 텔레비전을 끄고 바로 잠들 수 있었습니다. 그리고 저는 점점 방 안에서 차분하고 느긋하게 시간을 보낼 수 있게 됐습니다.

나중에는 선생님에게 부탁받은 원고를 의자에 앉아 차분히 작성하기도 했습니다. 지금까지 이곳저곳을 돌아다니며 흡수했던 지혜와 지식을 사용해서 말이죠. 마음의 소리를 들은 이후, 평범한 아저씨로만 보였던 최면 요법 선생님은 저의 스승님이 됐습니다.

· 과거의 자신과 이어지는 체험 ·

어느 날 스승님이 저한테 최면을 걸었을 때 저는 아주 재미있는 체험을 했습니다. 바로 '과거의 나와 대면하고 말을 거는' 경험이었습니다. 저는 최면에 걸린 상태에서 초등학교 시절의 힘들고 고독했던 저의 모습과 마주했습니다. 그곳에는 추운 겨울 하늘 아래, 아무도 없는 곳에서 혼자 연을 날리며 공허함에 사로잡힌 제가 있었습니다.

그 연은 동네 아저씨에게 받은 특수한 연으로, 날개가 몇 개나 달려서 빙글빙글 회전하며 하늘 높이 날아올랐습니다. "봐, 이렇게나 높이 날아오른다니까!" 하고 친구나 부모님에게 자랑하고 싶었는데, 곁에는 아무도 없었습니다. 최면 속의 어린 제 모습이 몹시 가엾게 느껴졌습니다. 그때 스승님이 말했습니다.

"그 아이에게 무슨 말을 해 주고 싶습니까? 그 말을 해 주세요."

저는 '넌 괜찮아. 힘들지도 모르지만 지금 그대로의 너라도 괜찮단다'라고 말해 주고 싶었습니다. 그렇게 말하자 눈물이 멈출 줄 모르고 흘러나왔습니다. 저는 왜 이 장면이 떠오른 건지 알 수 있었습니다. 추운 겨울날, 회색빛 하늘 아래에서 연을 날리던 초등학생의 제가 어디선가 "괜찮아. 지금 그대로의 너라도 괜찮단다"라는 목소리를 들었던 기억이 떠오른 겁니다. 그때의 일이 너무나 인상적이어서 머릿속에 강하게 남아 있었던 거죠.

스승님의 최면으로 현재의 내가 던진 말이 시공을 넘어서 어린 시절의 제 머릿속에 울려 퍼진 걸지도 모른다고 생각하자 이 모든 상황이 이해됐습니다. 그때만 해도 지금 그대로의 너라도 괜찮다는 목소리는 너무 외로웠던 나머지 스스로를 위로하기 위해 떠올렸다고 생각했습니다. 하지만 지금 돌이켜 보면 그 말 덕분에 좌절하지 않고 지금까지 버티며 살아온 것 같습니다. 그 마음의 목소리가 미래의 내가 과거의 나에게 보내는 응원이라고 생각하니, 굉장히 기쁘고 마음이 안심됐습니다.

저는 스승님의 최면 덕분에 힘들고 괴로웠던 과거와 연결될 수 있었습니다. 이후 저는 최면 상태에서 스스로에게 말을 걸면, 그 목소리가 힘들었던 과거와 연결돼서 그 다정한 응원을 전해 준다고 믿었습니다. 그리고 최면 속 다정한 응원 덕분에 이후에 일어난 수많은 난관을 극복할 수 있었습니다. 저는 힘이 들 때마다 그때 들었던 "너는 괜찮아!"라는 목소리를 떠올리며 힘을 얻었습니다.

> **변화를 만드는 1%의 마법**
> ○ 정말 힘들었던 과거의 순간이 있나요? 그때의 나는 어떤 말을 듣고 싶어 했을까요?

자신감을 완성하는 마법의 주문

↓

· 과거의 나에게 전하는 다정함의 힘 ·

저는 심리 상담에 스승님에게 배운 최면 요법을 접목했습니다. 어느 날 사는 데 괴로움을 느끼는 한 남자가 상담을 받으러 왔습니다. 제가 최면 요법을 시작하자 그도 제가 최면에 걸렸던 것처럼 과거를 떠올렸습니다. 그는 어렸을 때 히스테리(정신적 원인에 의한 일시적인 비정상적 흥분 상태)를 일으키는 어머니로부터 "넌 내 자식이 아니야!"라며 심한 폭행을 당하고 추운 겨울날에 알몸으로 쫓겨나는 장면이 보였다고 합니다.

남자는 추위와 슬픔, 무엇보다도 이제 정말 끝이라는 절망감에 휩싸인 어린 자신에게 "언제나 너와 함께 있어"라는 다정한 말을 건넸고 뜨거운 눈물을 흘렸습니다. 최면에서 깬 남자는 눈물을 닦으며 말했습니다.

"선생님, 그날 어머니가 저를 밖으로 내쫓았을 때 저는 추위와 부끄러움으로 미칠 것 같았는데, 그때 제 뒤에 빛나는 사람이 나타났습니다. 그 빛나는 존재를 느낀 순간, 어린 저는 신기하게도 따뜻함을 느꼈어요."

저는 저와 똑같은 경험을 한 남자에게 "그 빛나는 존재는 뭐였을까요?" 하고 미소를 지었습니다.

・내 안의 능력을 깨우는 주문, "마음이여" ・

스승님의 최면 요법은 힘들었던 과거의 나에게 전할 다정한 말을 이끌어 내는 방법이었습니다. 다만 이 방법은 최면에 빠질 때까지 다소 시간이 걸리는 어려움이 있었죠. 저는 이 감동을 더 많은 사람과 공유하고 싶었지만 수고가 많이 드는 만큼 무작정 사용하고 싶지 않았습니다. 그래서 좀 더 간단한 방법을 모색하기로 했습니다.

스승님이 어느 학회의 기조 강연에서 "최면이라는 말을 쓰기만 해도 최면에 빠질 수 있다"라고 말한 장면이 떠올랐고 문득 이런 생각이 들었습니다.

　'최면이라는 말만으로 최면에 빠질 수 있다면 스승님이 자주 사용하던 "마음이여"라는 문구로도 최면 상태에 빠져 다정한 말을 이끌어 낼 수 있지 않을까?'

　스승님의 최면 훈련을 받으면서 저는 머릿속으로 '마음이여, 나는 나를 위해 뭘 할 수 있을까?'라고 중얼거렸습니다. 그러자 곧바로 '초콜릿을 먹고 싶어!' 하는 생각이 떠올랐습니다. 저는 추운 겨울밤에 곧장 초콜릿을 사러 편의점에 갔습니다.

　사실 저는 단것은 몸에 좋지 않다는 말을 자주 듣고 자라서 몇 년 동안이나 초콜릿을 먹지 못했습니다. 초콜릿을 계산하고 포장을 벗겨 "와그작!" 한 입 베어 물자 마음속에서 '나를 좀 더 다정하게 대해도 좋지 않을까?'라는 상냥한 말이 울려 퍼졌습니다. 왈칵 눈물이 나올 것만 같아서 별도 거의 보이지 않는 하늘을 올려다봤습니다.

　이제까지는 스스로를 형편없는 인간이고, 부족한 게 많으니 뭐든 죽도록 노력해야 한다고 생각하며 열심히 살았습니다. 그런데 나 자신을 좀 더 다정하게 대해 달라는 말이 들리자 입 안의 초콜릿도 부드럽게 녹아내렸습니다.

저는 한동안 이 방법을 스스로에게 시험했습니다. 그리고 최면에 거부감을 가진 사람에게도 마음과 대화하는 방법을 사용해 봤습니다. 그러자 그들 역시 다정한 격려의 말에 힘을 얻는다는 걸 알게 됐죠. 질문 앞에 "마음이여"라는 말을 붙였을 뿐인데 최면 상태와 똑같이 마음의 목소리를 들을 수 있었던 겁니다. 그리고 이 마음과의 대화가 당신을 옥죄고 있던 리미터를 벗겨 내는 겁니다.

변화를 만드는 1%의 마법

○ 나를 위한 다정한 응원은 오직 나만 해 줄 수 있습니다.

나에게 정말
필요한 선택을 하는 법

↓

· 마음의 소리와 머릿속의 생각은 다르다 ·

저는 최면 요법에서 경험한 '다정한 말이 주는 위로'를 잊을 수가 없어서 뭔가 망설여질 때마다 꼭 '마음에 묻기'를 실천했습니다. 예를 들어 새 노트북을 살지, 아니면 배터리만 교환할지를 고민할 때도 마음에게 물어보는 겁니다.

최신형 노트북이 갖고 싶다는 생각이 들면 '항상 최신형 제품만 좋아하니까 핑계를 대서라도 쓸데없는 낭비를 하려는 거지?' 하는 부정적인 사고도 함께 나타납니다. 괜히 낭비했다는 생각에 우울해하는 모습이 눈앞에 떠오르죠. 이런 고민이 생길 때 저는 마음에게 질문했습니다.

'마음이여, 나는 새 노트북을 갖고 싶다고 생각하니?'
'그렇게 생각해.'

마음으로부터 긍정적인 대답이 둥실 떠올랐습니다. 그러자 쓸데없이 낭비했다는 부정적인 사고가 사라졌습니다. 이어서 저는 이렇게 질문했습니다.

'마음이여, 나는 왜 새것을 갖고 싶어 할까?'
'성장하면서 자신에게 맞는 물건을 사는 것도 필요한 일이잖아.'

마음의 말대로였습니다. 세상에는 우리가 성장하면서 새로 사야 하는 것들이 있습니다. 옷처럼 말이죠. 컴퓨터도 옷과 마찬가지라고 생각하니까 마음이 개운해졌고, 저는 고민 끝에 고성능의 최신형 노트북을 구매했습니다.

만약 이 결정을 오직 머리로만 생각했다면 아마 어중간하게 저렴한 노트북을 샀을 겁니다. 결국 사용감이 마음에 들지 않는다며, 역시 내가 정말 원하는 것으로 살 걸 그랬다며 땅을 치며 후회했을지도 모릅니다.

• 나에게 필요한 선택은 마음에서 찾아야 한다 •

저는 주말이 되면 꼭 서류 더미가 잔뜩 쌓인 책상을 생각하는 버릇이 있었습니다. 느긋하게 쉬고 싶다는 생각과 동시에, 해야 할 업무가 매우 많다는 사실이 자꾸만 떠올랐기 때문입니다. 모처럼의 쉬는 날이니 여유롭게 보내자고 결심하지만 '게으름을 피운다'는 죄책감이 올라오고 맙니다. 결국 '이래서는 쉬어도 쉰 게 아니다'라고 느끼고 말았던 거죠.

'일을 하느냐, 쉬느냐.'

쉽게 말해 마음속의 갈등입니다. 이렇게 매번 시간만 잡아먹는 고민을 하는 것에 지친 저는 아예 마음에게 정말 원하는 것이 뭔지 물어보기로 했습니다.

'마음이여, 오늘은 일을 하는 게 좋을까?'
'오늘은 일해 봤자 좋은 아이디어도 안 나올 테니 그냥 쉬는 게 좋아.'
'정말로?'

문득 그 마음의 목소리에 의심이 들어 '마음이여, 그건 그저 게으름을 피우고 싶어서 그런 게 아닐까?'라고 질문하자 '오늘은 그냥 즐겁게 지내. 내일이 되면 굉장히 좋은 아이디어가 떠오를 테니까'라는 대답이 돌아왔고, 새로운 아이디어를 발견하고 기뻐하는 내일의 제 모습이 떠올랐습니다. 그렇게 저는 '좋아, 오늘은 신나게 놀아야지'라고 결심할 수 있게 됐죠.

마음에게 정말 원하는 것을 물어본 덕분에 저는 휴일 동안 편히 쉬면서 충전의 시간을 가졌습니다. 그리고 그다음 날 정말 개운하게 일할 수 있었습니다. 마음의 진실된 목소리가 나에게 정말로 필요한 선택을 할 수 있도록 도와준 겁니다.

변화를 만드는 1%의 마법

○ 주말을 만족스럽게 보내고 싶은데 불안감부터 드나요? 마음에게 질문하세요. 당신에게 정말 필요한 대답이 돌아올 겁니다.

가짜 죄책감을
버려라

↓

· 죄책감의 근원 찾기 ·

앞서 언급한 이 두 가지 일화에는 공통점이 있습니다. 바로 '죄책감'입니다. 나의 기쁨을 위해 돈을 쓴다는 죄책감, 그리고 일하는 것도 잊은 채 논다는 죄책감입니다. 저는 돈을 쓰면 느껴지는 죄책감의 원인을 곰곰이 생각해 봤습니다. 어린 시절에 뭔가를 사고 싶을 때면 어머니에게 꼭 "이거 사도 돼?" 하며 허락을 구했고, 그때마다 어머니는 한심하다는 표정을 지으며 이런 식으로 말하곤 했습니다.

"넌 항상 돈 낭비만 하는구나."

용돈으로 원하는 물건을 자유롭게 살 수도 있었지만 어린 시절의 저는 어머니의 허락을 받지 않고 돈을 쓰는 일이 나쁜 짓이라고 생각했습니다. 그런데 매번 무엇을 사든지 '낭비한다'고 비난받았습니다. 그래서 저는 어린 시절에 기분 좋게 돈을 쓴 기억이 전혀 없습니다.

휴식할 때마다 떠오르는 죄책감의 근원도 생각해 봤습니다. 이번에는 학교를 다니면서 맞이한 여름 방학의 기억이 떠올랐습니다. 어머니는 방학 기간 내내 "숙제는 다 했니?"라며 혼을 냈습니다. 모처럼 쉴 수 있는 시간인데 오늘도 아무것도 안 했냐는 핀잔을 들으면 쉰다는 기분도 안 들고, 뭘 해도 죄스러웠습니다.

친구들은 모두 신나게 방학을 만끽했지만 저는 돌 밑에 숨어 웅크린 공벌레가 된 기분이었습니다. 어머니는 제가 돈을 낭비하지 않고 나태해지지 않도록 자극을 준 것이었지만 저는 어머니의 눈치를 보느라 자유롭게 놀 수 없었죠.

· 당신의 사고는 당신의 것이 아니다 ·

최면 요법으로 과거의 나와 미래의 나를 연결하고 각 시기의 나를 돕는 체험을 하면 마치 '다른 사람의 뇌와 이어지는 기분'을 느낄 수 있습니다. 이 뇌의 네트워크로 시공을 뛰어넘으면서 어린 시절의 나와 도움을 주고받을 수 있는 거죠.

만약 뇌의 네트워크가 부모와도 연결돼 있다면 어떨까요? 내가 돈을 쓰거나 휴식을 취할 때 죄책감을 느끼는 이유는 마찬가지로 그런 종류의 죄책감을 품는 어머니의 생각을 민감하게 감지해서 그런 건 아닐까요?

그러고 보니 저의 선악 판단의 기준은 항상 어머니였습니다. '올바른 일을 하자'고 생각할 때면 자연히 어머니를 떠올렸습니다. 말 그대로 뭔가를 의식적으로 생각할 땐 '부모의 뇌'를 사용하고 있다고 해도 과언이 아닙니다.

'그런 짓을 하면 한심하다', '세상에 얼굴을 들고 다닐 수 없다' 등등 남의 시선을 의식하고 자유롭게 살 수 없는 이유는 내 마음의 목소리는 듣지 않고 머릿속에 복잡하게 얽힌 사고를 따르기 때문입니다. 저는 자연스럽게 어머니의 생각을 제 생각인 것처럼 떠올리면서 오직 어머니의 판단을 묻고 따르게 됐던 겁니다.

이렇게 생각하면 아주 재미있는 가설이 탄생합니다. 우리가 평소에 머릿속으로 생각하던 것들이 실은 부모의 뇌에서 온 것이고, 우리는 그들의 사고에 억압당한 채 본래 모습으로 살아가지 못한다는 가설입니다.

'쓸모없는 인간이 되지 말자'는 부모의 지속적인 걱정 때문에 어떤 것도 자유롭게 선택할 수 없게 됩니다. 결국 대충 타협하면서 내가 정말 원하는 것을 얻지 못한 채 시간만 보내게 된 겁니다.

다시 말해, 사고란 '외부에서 흘러들어 오는 것'입니다. 내 머릿속에서 자발적으로 생긴 것 같지만 사실은 부모를 비롯한 다른 누군가의 영향을 받아 만들어집니다. 즉 당신의 사고는 당신의 것이 아니라는 겁니다. 물론 그렇더라도 내가 행복하다면 별문제 없겠지만 대부분 외부에서 흘러들어 온 것들 때문에 죄책감을 품게 되고, 걱정과 불안감이 생겨서 자유롭게 행동하기를 두려워합니다. 이것이 바로 우리의 자유를 빼앗은 '리미터'의 정체입니다.

· 내 안의 진짜 목소리가 죄책감을 없앤다 ·

그러나 "마음이여" 하고 물었을 때는 죄책감, 걱정, 불안 같은 부정적인 감정과 먼 대답을 얻을 수 있습니다. 마음은 미래의 나, 과거의 순수했던 나와 만나게 해 주면서 우리를 따스한 말로 격려하고 도와주기 때문입니다. 마음의 목소리가 따스한 이유는 바로 '우리 자신의 목소리'이기 때문입니다.

마음은 진짜 나 자신을 알고 있습니다. 그래서 세상을 기준으로 한 대답이 아니라 나에게 맞는 최선의 대답을 해 줄 수 있는 겁니다.

마음이라는 친구는 누구에게나 있습니다. 당신 안에도 당신을 반드시 행복하게 만들어 줄 마음이 존재합니다. 아직 그 존재를 알아차리지 못했을 뿐입니다. 혹은 아직 내게 그런 마음이 있다는 걸 믿지 못해서일 거고요.

변화를 만드는 1%의 마법

○ 알 수 없는 불안감과 죄책감이 들 때면 마음에게 물어보세요. 마음의 목소리는 자신의 가장 솔직한 심정입니다.

무의식에 숨은 가능성을
끌어올려라

↓

· 무의식에는 제한이 없다 ·

마음과 대화를 하면 왜 리미터가 해제되는 걸까요? 그 답의 힌트가
됐던 한 일화를 소개합니다. 이전에 최면 요법을 가르쳐 준 스승님이
"여기서 뉴욕까지 가는 방법은 몇 가지일까요?" 하고 질문한 적이 있
습니다.

미국에 가 본 적이 있던 저는 '직항도 있고 시카고나 댈러스 경유도
있으니까 세 가지 방법이 있네. 아니면 배를 타고 갈 수도 있지 않을
까…'라며 여러 방법을 생각하고 있었습니다. 그런데 옆자리에 있던
남자가 이렇게 대답하는 게 아니겠어요?

"무한대입니다."

그 답을 들은 선생님은 흐뭇한 얼굴로 동의했습니다. 이제야 저는 예산, 시간 등 '상식'에 얽매여서 다양하게 생각하지 못했다는 사실을 깨달았습니다. 상식을 버리면 어떤 방식도 가능합니다. 예를 들면 하코네 온천에서 느긋하게 쉬다가 그리스 아테네를 경유하고, 그다음에 로마에서 분수를 본 다음에 뉴욕으로 가는 방법도 있죠.

가는 방법 자체는 얼마든지 무한대가 될 수 있다는 생각에 감탄하며 틀에 갇힌 발상밖에 하지 못했던 저에게 실망한 기억이 생생합니다. 선생님은 이런 말씀을 해 주셨습니다.

"'상식'에는 제한이 있지만, '무의식'에는 제한이 없습니다. 오히려 무한한 가능성이 펼쳐져 있죠."

의식적으로 생각하면 가능성을 없애고 리미터에 걸립니다. '최단 시간으로 가는 게 상식적이다', '제일 싼 가격을 찾아야 한다' 등의 상식적인 생각이 여러 가능성을 없애고 재미없는 선택만 남았다고 착각하게 만들죠.

"마음이여"라고 나에게 물음을 던지면 의식이 아닌 무의식 상태에 접근할 수 있습니다. 무의식은 다양한 가능성을 품고 있는 곳입니다.

그 어떤 제한도 없습니다. 지금까지 상식에 얽매여 내 본래 모습으로 살아갈 수 없었던 상태에서 시원하게 해방되는 것이죠.

• 마음에게 질문할수록 무의식 상태에 가까워진다 •

평소 우리는 틀에 박힌 생각에 갇혀 꼼짝도 할 수 없는 상태에 놓여 있습니다. '이건 이래서 안 되고 저건 저래서 안 돼'라는 말로 다양한 가능성을 차례대로 배제합니다. 결국 남는 것은 '나는 자유롭게 살 수 없다'는 믿음뿐이죠.

그런데 "마음이여" 하고 무의식을 향해 질문을 던지면 '이런 가능성도 존재하다니!' 싶을 정도로 좋은 아이디어를 얻을 수 있습니다. 마음이 가르쳐 준 것을 실천하면 우리는 점점 의식적인 범위에서 해방됩니다. 즉 리미터가 해제되면서 캄캄하고 절망적인 상태에서 벗어나 내 앞에 무한한 가능성이 펼쳐졌다고 생각할 수 있게 됩니다.

마음에 한계가 없다고 느낀 일이 있었습니다. 어느 날 아침에 자고 일어나니 몸이 나른하고 열이 나는 상태였습니다. 혹시 감기에 걸렸을지도 모른다고 생각했죠. 그러자 '오늘 일을 할 수 있을까? 그냥 이대로 좀 누워 있을까?' 하는 불안감에 사로잡혔습니다. 그래서 저는 마음에게 이렇게 물었습니다.

'마음이여, 나는 감기에 걸린 걸까?'

그러자 마음이 이렇게 대답하는 게 아니겠어요?

'그건 기분 탓이야.'

저는 '어? 근데 정말 몸이 노곤하고 열이 나는 것 같은데?'라며 발끈했습니다. 그러면서도 내가 정말 몸이 안 좋은 건지 나의 상식을 의심하기 시작했습니다.

'마음이여, 이 안 좋은 몸 상태는 어쩌면 좋지?'라고 물어보니 '조깅 좀 하고 와!' 하는 냉담한 대답이 돌아왔습니다. '아니, 그러니까 감기에 걸린 것처럼 몸이 안 좋다니까'라고 생각했지만 저는 마음의 조언에 따라 조깅을 하기로 했습니다. 한참을 뛰고 있자니 재채기가 나왔습니다. 꽃가루 때문이었습니다.

'마음이여, 혹시 내가 꽃가루 알레르기 때문에 몸이 나른했던 걸까?'
'맞아. 조금 뛰어서 장을 원활하게 하면 괜찮아질 거야.'

마음의 다정한 대답은 정말 신기하고 감동적이었습니다. 제멋대로 아무 말이나 하는 줄 알았던 마음의 목소리는 제가 상상도 하지 못한 가능성을 찾아 정확히 지적해 준다는 걸 깨달았기 때문입니다.

마음은 저를 진정으로 자유롭게 해 주는 다정한 존재입니다. '마음이여, 의심해서 미안해'라고 사과하자 마음은 곧바로 '괜찮아'라고 대꾸했습니다. '정말 마음은 한계가 없구나' 하고 저도 모르게 웃음이 터져 나왔습니다.

저는 매년 환절기마다 감기에 걸렸다고 생각하며 며칠씩 앓아눕곤 했습니다. 그런데 그게 제 착각에 불과했고, 바로 그 착각이 저의 생활을 자유롭지 못하게 만들었습니다. 결국 마음의 목소리가 저를 착각에서 벗어나게 해 줬고, 저를 더 건강하게 만들어 준 겁니다.

변화를 만드는 1%의 마법

○ 무의식에는 외부의 한계에 억눌린 온갖 가능성이 숨어 있습니다. 마음에게 질문하면 할수록 발견되지 않은 가능성에 가까워질 수 있습니다.

나 자신을 믿고
자유를 누려라

↓

· 진짜 내 모습을 찾아가는 첫걸음 ·

"마음이여"라고 물으면 어떤 형태로든 반드시 대답이 돌아옵니다. 하지만 처음 시도할 때는 '이거 사실은 내가 머릿속으로 생각해서 나오는 답이 아닐까?'라고 의심하는 게 당연합니다. '아무리 해도 마음의 목소리가 들리지 않는다, 머릿속에 떠오른 생각만 맴돌 뿐이다…'라고 생각하는 사람도 있을 겁니다. 그런 사람도 마음의 목소리를 성공적으로 듣는 몇 가지 방법을 소개하겠습니다.

마음의 목소리도 자신의 '사고' 중 하나지만 평소에 별 의미 없이 하는 사고와는 전혀 다릅니다. 우리는 평소에 부모, 조부모 혹은 배우자, 고민 상담을 해 주는 친구 등 주변 사람들의 생각에 영향을 받습니다. 그들이 당신을 위해 '좋다고 여기는 것'이나 불만스럽게 여기는 '사고'가 전달되면 마치 그게 '내 생각'인 것처럼 여기게 됩니다.

저의 경험을 예로 들어 보겠습니다. 업무 중 안 좋은 일을 겪고 '피곤하니까 그냥 확 일을 쉬고 싶다'고 생각한 적이 있습니다. 그러자 '이제 남을 위해 일하기 싫어'라며 지친 어머니의 모습이 떠올랐습니다. 쉬고 싶다는 생각은 어머니의 뇌에서 이어져 나온 사고입니다.

그러나 곧장 '일을 쉬다니, 말도 안 돼!'라며 쉬고 싶은 마음을 단번에 지우는 사고도 튀어나옵니다. 그럴 땐 아무리 아파도 단 하루도 쉬지 않고 출근하며 매주 교회를 다니던 성실한 아버지가 떠오릅니다. 그렇게 '절대로 쉴 수는 없다'는 사고가 생겨납니다.

이런 경우에 질문 앞에 "마음이여"를 붙이는 것만으로 타인의 사고에서 벗어나 나의 사고를 끄집어낼 수 있습니다. 그건 본래의 나 자신일 수도 있고, 아니면 여전히 부모의 영향에서 벗어나지 못한 나일 수도 있습니다.

자전거를 예로 들자면, 자전거를 처음 탈 때 '바퀴에 달린 보조 바퀴를 떼어 볼까?'라고 생각하는 상태가 바로 마음의 목소리를 듣는 초기 단계입니다. 자전거가 계속 비틀거리면 금세 땅에 발을 대고 포기하고 싶어집니다. 그러나 보조 바퀴 없이 자유롭게 자전거를 타는 사람들을 보면 나도 할 수 있다는 용기를 얻습니다. 그래서 넘어져도 다시 일어나고, 휘청거리면서도 페달을 밟으려고 애를 쓰죠.

페달을 제대로 밟게 되면 비틀거리지 않고 똑바로 달릴 수 있게 됩니다. 페달을 잘 밟을 줄 몰랐을 때는 자전거 타기가 너무나 불안정했지만 내가 마음에 대고 계속 물음을 던지는 사이 점점 앞으로, 똑바로 나아갈 수 있게 됩니다. 이제까지와는 전혀 다른 풍경을 보며 즐거움을 느낄 수 있게 되죠.

·그 누구의 것도 아닌 나만의 생각·

'부모'라는 보조 바퀴를 떼는 것은 참으로 두려운 일입니다. 지금까지 내가 넘어지지 않게 지켜 주던 존재를 쉽게 뗄 수 없다고 생각하죠. 그래서 마음에 물어보는 것도 어렵게 느껴집니다.

하지만 마음을 향해 물어보는 행위는 진정한 자문자답입니다. 무슨 특별한 요령이 필요한 것도 아닙니다. 그저 부모와 타인의 걱정으로 만들어진 사고에 갇히지 않고 나의 본심에게 질문하는 자문자답, 그리고 나를 믿는 첫걸음이 바로 '마음에 대한 질문'입니다.

마음에게 묻는 것이 익숙하지 않다면 '이런 생각은 평소에 내가 하던 거잖아?'라고 느낄지도 모릅니다. 하지만 마음에게 꾸준히 묻다 보면 주변 풍경이 이제까지와는 다르게 보일 겁니다. '마음에 대고 어떻게 물어?', '어렵다'라며 포기하고 싶어질 때는 이렇게 질문해 보세요.

'마음이여, 나와 마음 사이에 누가 그렇게 방해를 하고 있니?'

그때 어머니의 모습이 떠오른다면 마음에게 어머니의 간섭을 없애 달라고 부탁하세요. 그걸 반복하는 사이에 나의 머릿속은 다른 사람들이 아닌 나 자신에게 집중할 겁니다. 당신은 그렇게 진정한 자문자답의 세계로 들어갈 수 있게 됩니다.

지금까지 마음의 소리를 듣는 방법을 알아봤습니다. 이제부터는 당신의 가능성을 막는 대표적인 '리미터'의 유형과 특징을 알아보겠습니다. 당신이 가진 리미터는 무엇일까요? 우리 마음속에는 행동과 사고를 지배하는 다양한 리미터가 있습니다. 이 리미터는 무의식에 자리잡아, 나도 모르는 사이에 나의 자유를 억압하고 내가 나답게 살지 못하도록 방해합니다.

3장에서는 대표적인 7가지 유형의 리미터를 정리했습니다. 각 리미터의 특징이 적힌 문장을 살펴보고 나에게 해당하는 문장의 개수를 세어 보세요. 4개 이상 해당한다면 그게 바로 그게 당신의 리미터입니다.

변화를 만드는 1%의 마법

○ 마음을 향한 질문은 진정한 나를 찾는 여정의 시작입니다. 다른 누구도 아닌 나만의 생각, 감정, 욕망을 하나하나 꺼내 보세요.

3장

/

나는 어떤 한계를 갖고 있을까?

아침에 일어나기가
너무 힘들다면

|

① 기상을 못 하는 리미터

- 아침에 눈을 뜨면 안 좋은 기억부터 떠오른다.

- 기분이 나빠서 몸이 점점 무거워진다.

- 밤이 되면 초조하고 짜증이 나서 금방 잠들지 못한다.

- 주변 사람들은 나를 이해할 수 없다고 생각한다.

- 필요 이상으로 거절당할 때가 많다.

- 분명 능력은 있는데 일이 뜻대로 되지 않는다.

- 누군가가 나를 질투한다고 생각해 본 적은 없다.

아침에 일어난 순간부터 머릿속에 불쾌한 기억과 감정이 빙글빙글 돌아다닙니다. 회사에서 있었던 안 좋은 일, 산더미처럼 쌓인 일거리, 일을 잘할 수 있을지 드는 불안감이 아침부터 덮쳐 오는 거죠. 그러면 머리도, 몸도 무거워져서 더욱 일어나기가 어렵고 출근하기가 점점 힘들어집니다.

이 리미터는 '일을 너무 열심히 해서 생기는 주변 사람들의 질투를 겪지 않기 위해' 만들어졌습니다. 이 리미터를 가진 사람은 어떤 일이든 일단 시작하면 끝까지 파고들 힘을 가졌습니다. 그래서 일도, 공부도 다른 사람보다 월등한 경우가 많습니다.

그러나 일을 잘할수록 직장 상사나 동료의 시샘을 받고 안 좋은 일을 겪기도 합니다. 이런 상황에 처한 사람은 주변인의 질투를 피하기 위해 일부러 아침을 불쾌하고 우울하게 만들어 일에 대한 의욕이나 집중력을 낮추게 됩니다.

이 리미터의 문제는 이런 행동이 남들의 시샘과 질투는 막아 주는 대신 말만 잘하지 의욕은 없는 사람, 일을 시키기 못 미더운 사람에게 바보 취급을 받는 일이 많아진다는 점입니다. 질투를 피하는 대신 나를 경시하는 시선 때문에 스트레스가 잔뜩 쌓이죠.

그렇게 쌓인 스트레스가 아침에 '기상을 못 하는 리미터'의 위력을 더욱 증폭시키기 때문에 잠자리에서 일어나기가 더 힘들고, 실제로 일에 지장이 생기는 악순환에 빠집니다. 결국 '나는 일도 못한다'고 믿게 돼 출근하기 더욱 어려워지는 상황이 발생합니다.

'기상을 못 하는 리미터'는 자동적으로 발생하기 때문에 점점 '아침에 제대로 일어나지도 못하고 그 누구에게도 믿음을 얻지 못하는 사람'이 돼 가며 궁지에 몰리고 맙니다. 이들은 아침에 알람을 끄면서 이렇게 중얼거립니다.

"벌써 아침이네… 비도 오고…. 출근하기 정말 싫다."

· 왜 이런 리미터가 생겼을까? ·

아침이 싫은 '기상을 못 하는 리미터'는 직장 동료들의 질투로 만들어지는 경향이 있습니다. 예를 들면 나는 열의를 갖고 일하는데 "뭐야, 저 사람 엄청 나댄다"라며 질투 섞인 험담을 듣고 충격을 받습니다. 열심히 노력한 점을 평가해 주길 기대했는데 "모난 돌이 정 맞는다"라는 말처럼 내가 한 일을 좀처럼 인정해 주지 않죠.

게다가 별로 중요하지 않은 사무적인 일에서 실수라도 하면 모두의 앞에서 꾸중을 듣고 창피를 당하는 일도 생깁니다. 이것도 타인의 질투 때문에 겪는 일입니다. 열심히 할수록 시샘만 받고 험담만 듣는 상황이 반복되면 이 리미터가 작용하고 아침에 일어나기가 점점 힘들어집니다.

'기상을 못 하는 리미터'의 원인은 어린 시절에 있습니다. 그리고 놀랍게도 어머니가 자식인 나에게 하는 질투에서 벗어나려는 심리 상태가 하나의 원인이 되기도 합니다.

예를 들어 딸을 매우 사랑하는 남편을 본 어머니는 딸이 남편의 애정을 다 빼앗아 간 기분이 들어 딸에게 질투감을 느낍니다. 질투는 동물적인 반응이므로 어머니에게는 '내가 딸을 질투한다'는 감각 자체가 없습니다. 하지만 왠지 모르게 '이 아이, 참 건방지다'고 느끼며 별것 아닌 일로 크게 다그치기도 하죠.

그런 어머니에게 자란 아이는 내 모습 그대로 자유롭게 행동하면 어머니한테 혼난다고 생각합니다. 혼나지 않기 위해 나다운 면을 감추고 뭘 하든 최선을 다하지 않고 일을 질질 끄는 경향이 생깁니다. 그러나 그렇게 하면 또 어머니에게 혼이 나므로 아이는 대체 어째야 하는지 도통 알 수 없는 혼란 상태에 빠집니다.

이 상태가 심해지면 '기상을 못 하는 리미터'는 '몸이 아파서 학교에 가기 싫어'로 변질됩니다. 아프기라도 하면 질투나 공격을 받지 않게 되니 말입니다. 중요한 상황이 올 때마다 컨디션이 안 좋아져서 움직일 수 없게 되는 것도 '기상을 못 하는 리미터'가 작동하기 때문입니다. 컨디션이 좋아져서 질투와 시샘을 받는 일을 회피하려고 몸이 자동으로 안 좋아지는 거죠.

남들의 질투에 크게 연연하지 않으면 '기상을 못 하는 리미터'가 필요 없어지고 아침에 일어나기가 한결 쉬워집니다. 질투에서 해방되면 점점 자유롭고 나답게 행동할 수 있습니다.

변화를 만드는 1%의 마법
- 기상을 못 하는 리미터: 질투로부터 자신의 몸을 지키기 위한 방어 기제.

아무 의욕도
생기지 않는다면

↓

② 행동하지 않는 리미터

- 꼭 해야 한다는 걸 알면서도 행동으로 옮기지 않는다.
- 자기 자신에게 엄격하다.
- 뭘 해도 허무하다.
- 아무것도 한 게 없어서 후회한 적이 많다.
- 쓸데없는 짓이 싫지만 쓸데없는 행동을 하고 후회한다.
- 성공한 사람이 항상 부럽다.
- 의욕이 없는 이유가 꼭 나 때문은 아닌 것 같다.

꼭 해야 할 일이 있다는 건 알지만 좀처럼 의욕이 생기지 않습니다. 앞으로 한 걸음 내딛지 않으면 분명 후회할 걸 잘 알지만 그 한 발자국을 내딛지 못하고 스스로를 '아무것도 할 수 없는 쓸모없는 인간'이라고 믿고 맙니다.

'행동하지 않는 리미터'는 자동차로 예를 들면 저연비를 유지하기 위한 리미터입니다. 괜히 시간과 노력을 낭비하는 일이 없도록 행동을 제어하는 역할을 하죠.

뭘 해도 실수하면 시간 낭비로 끝나고 노력해도 보상받지 못하면 모든 게 헛된 일이 됩니다. 어차피 성공하는 사람들은 이 세상에 한 줌밖에 안 될 테고 노력의 보상을 받는 사람도 거의 없을 테니 처음부터 아예 행동하지 않는다면 낭비를 줄일 수 있다고 생각합니다.

'행동하지 않는 리미터'는 쓸데없이 사용하는 에너지를 줄이기 위해 의욕이 생기지 않는 상태를 조성합니다. 하지만 그럴수록 목표를 이루려고 노력하지 않는 자신에게 스트레스를 받고, 그 스트레스는 계속해서 쌓이기만 합니다.

잔뜩 쌓인 스트레스는 스스로를 향한 분노로 변합니다. '나는 게으름뱅이에 쓸모없는 인간이야'라거나 '한심하기 짝이 없는 인간이야'라며 나를 깎아내리는 일을 멈출 수 없게 됩니다. 그러면 점점 몸도, 마음도 노곤하고 무거워져서 또다시 움직일 수 없게 돼 '행동하지 않는 리미터'가 강하게 작동하죠. 이들은 이렇게 중얼거립니다.

"할 일이 너무 많아서 끝이 보이지 않아."
"내 월급은 언제 오를까?"
"실적을 하나도 못 올렸어. 회의 때 또 혼날 거야."
"다음에 실수하면 회사에서 정말 잘릴지도 몰라….'

• 왜 이런 리미터가 생겼을까? •

'행동하지 않는 리미터'는 '노력하며 살았는데 가족 문제로 다 망치고 말았다'는 경험을 가진 사람에게 흔히 나타납니다. 가장 일반적인 사례가 바로 '아버지의 전근과 이사'입니다. 새 친구를 사귀고 열심히 공부해서 이제야 나만의 세계를 만들었는데 그때마다 모든 것을 처음부터 다시 시작해야 하니, 그리고 이런 일이 몇 번이나 반복되니 '가능하면 쓸데없는 짓은 절대로 안 하겠다', '덜 수고롭게 살아야겠다'는 태도가 생깁니다. 그럴수록 행동하고 싶어도 움직일 수 없게 되고 자꾸만 웅크려서 가만히 있는 일이 잦아집니다.

그 밖에도 동아리 활동을 열심히 했는데 아버지가 술을 먹고 집에서 행패를 부리는 바람에 동아리 활동에 집중할 수 없게 되는 등의 비숱한 일이 반복되거나 어머니의 병환 또는 경제적인 이유로 학업을 중단할 수밖에 없는 경우에도 이 리미터가 작동합니다. 다시 말해, 나 자신만의 문제가 아니라 가족이나 외부 요인 때문에 이제까지 쌓은 노력이 물거품이 되는 일을 몇 번이나 겪어서 '행동하지 않는 리미터'가 완성되는 겁니다.

저연비 주행을 유지하려는 '소극적인 성질'에서 벗어나면 '행동하지 않는 리미터'는 필요 없어집니다. 노력이든 실패든 전부 자신의 경험치를 쌓아서 인생을 풍부하게 만드는 것이니 뭐든 해 보고 싶은 일이 있으면 망설이지 말고 실천해 보세요.

변화를 만드는 1%의 마법

○ 행동하지 않는 리미터: 쓸데없는 에너지 소비를 줄이기 위한 방어 기제.

분노와 질투를 멈출 수 없다면

ㅣ

③ 바른 생활 리미터

- 예의 없는 사람만 보면 신경에 거슬린다.
- '일도 못하는 저 사람이 왜 나보다 더?'라는 생각이 든다.
- 잘못된 의견을 받으면 도저히 그냥 넘어가기가 힘들다.
- 퉁명스러운 태도를 지적받곤 한다.
- 나는 아직 진짜 실력을 드러내지 않았다고 생각한다.
- 남의 눈을 신경 쓰는 편이다.
- 남의 험담을 하는 사람을 용서할 수가 없다.

'저 사람은 우측통행을 안 하네.'

'길에서 담배 좀 피우지 말지.'

조금의 실수도 용납하기 어려운 사람은 길을 걷기만 해도 짜증을 내느라 조금도 마음이 편할 틈이 없습니다. '바른 생활 리미터'는 인간은 모두가 평등하다고 굳게 믿고 있습니다. 자신에게 이런 리미터가 없다면 더더욱 올바른 것만 주장하는 사람이 될 테고, 자기가 너무 튀면 무리에 섞이기 어려울 거라고 생각하기 때문입니다.

이들은 남들과 비슷해지기 위해 '왜 저 사람만 대우받을까?', '왜 나만 이렇게 고생하는 거지?' 하고 남을 질투합니다. 그렇게 자신을 다른 일반인들과 같은 위치에 세우죠.

그뿐만 아니라 세상의 여러 규칙을 따르며 남에게 잘못됐다고 꾸짖는 것으로 자신을 다른 사람들과 같은 세계에 밀어 넣습니다. 상대방과 내가 다를 게 없다고 생각하는데 저 사람이 나보다 더 대우받는다고 느끼며 분노하기도 하죠.

그러나 본래는 멋지고 훌륭한 자신을 다른 사람과 똑같은 범주에 집어넣는 바람에 나만의 특별한 가능성을 발산하지 못하고 점점 스트레스만 쌓여 갑니다. 이윽고 모든 게 불공평하게 보여서 화가 납니다. 결국 점점 주변 사람들과 거리를 두게 됩니다.

원래는 남들과 멀어지고 싶지 않아서 만들어진 리미터지만 오히려 더 외로워지는 악순환에 빠지는 겁니다.

· 왜 이런 리미터가 생겼을까? ·

이 리미터는 형제가 있는 사람이 '어머니는 형이나 누나, 남동생이나 여동생에게는 사랑을 주는데 왜 나는 미워하는 걸까?'라고 느끼는 것부터 시작됩니다. 어머니가 주는 자식 사랑이 평등하더라도 그걸 평등하다고 느끼지 못하면 분노가 치밀게 되죠. 그리고 그 분노를 억압하면 '바른 생활 리미터'가 작동하는 겁니다.

'저 사람은 잘못됐어!'라고 화내는 것도 어쩌면 상대의 잘못을 고치고 평등한 세상을 만들기 위한 행동으로 보입니다. 그러나 실제로는 다른 사람에게 쓸데없는 에너지를 낭비해 자신의 능력을 낮추면서까지 모두가 평등한 세상을 만들고 있는 것뿐입니다.

형제 중에 유난히 튀는 아이(아니면 그 반대의 경우)는 어머니의 손길을 덜 받곤 합니다. 아이는 그걸 '부모가 나를 미워해서'라고 느끼기 때문에 타인에게 분노하면서 자신의 능력을 깎아내리고 평균 혹은 그 이하로 만들어 어머니의 관심을 받으려 합니다. 모두와 똑같으면 사랑을 받을 테니까요. 그런 환상으로 정의감을 내세워서 자신의 에너지를 깎아 내고 있는 겁니다. 남의 행동을 지적한다고 해서 본인에게 득이 되는 것도 아닌데 '바른 생활 리미터'가 작용하게 됩니다.

본래의 나 자신으로 살아도 남들이 나를 떠나는 일은 없다는 걸 알게 된다면 '바른 생활 리미터'는 필요 없어집니다. 이 리미터를 벗겨 내면 세상의 일반적인 규칙들이 나를 얼마나 구속하고 있었는지 깨닫게 될 겁니다.

변화를 만드는 1%의 마법

○ 바른 생활 리미터: 나만 훌륭한 사람이 되지 않기 위한 방어 기제.

미래에 희망이
보이지 않는다면

│

④ 자학 리미터

- 뭘 해도 잘 안 풀린다고 느껴질 때가 많다.

- 사실 아무것도 해낸 게 없는데 마치 성과를 낸 것처럼 행동한다.

- 주변 사람들의 의견에 휩쓸리기 쉽다.

- 감정이 있는 듯 굴지만 그냥 주변 분위기에 맞출 뿐이지 별 감흥
  이 없다.

- 항상 초조한 느낌이 든다.

- 주변 의견에 휩쓸려 아무것도 할 수 없다고 느낄 때가 있다.

'무슨 일을 해도 잘 안 되고 아무리 노력해도 변하지 않는다. 이제까지 내가 해낸 일은 하나도 없고 앞으로도 성과 하나 없이 인생이 끝나는 게 아닐까….'

'자학 리미터'를 가진 사람은 이런 식으로 자학하는 것이 특징입니다. 이 리미터가 없어지면 세상이 어떻게 돌아가는지 깨닫게 돼 '뭘 해도 다 허무하다'는 심경에 빠질 거라고 생각합니다.

'깨달음'과 비슷한 경지에 도달하면 아무 노력도 필요 없어지고 뭘 해도 의미 없게 느껴집니다. 이렇게 되면 이 세상에서 욕망과 집착에 빠져 살아가는 가족이나 주변 사람들과 멀어지지만, 그런 관계만큼은 견딜 수 없으니 '자학 리미터'를 사용해 자신을 탓하고 일부러 집착하는 대상을 만들어 내는 겁니다.

이런 사람들은 자신을 책망하고 다양한 것에 집착하면서 살아 있음을 실감합니다. 동시에 욕망이나 집착, 모순에 휩싸여 있는 가족이나 주변 사람들과 똑같아지려고 '자학 리미터'를 사용합니다. 자신을 탓하면서 욕망이나 집착으로 뒤덮인 세상에 어떻게든 붙어 있으려는 악순환에 빠지는 겁니다.

나중에는 자기 자신만 검열하는 게 아니라 가족이나 주변 사람들한테까지 타박을 주게 됩니다. 이 리미터가 가진 본래의 의미를 잃고 마음에는 항상 허무함만 가득 차게 되는 거죠. 원래는 그저 남들과 같은 세상에서 살고 싶었던 것뿐인데 말입니다.

· 왜 이런 리미터가 생겼을까? ·

이 리미터는 '행동하지 않는 리미터'와 마찬가지로 자신의 노력이 가족이나 다른 외부 요인 때문에 물거품이 되는 일이 반복되면서 생깁니다. '행동하지 않는 리미터'와의 차이점은 원인이 외부에 있음에도 불구하고 '내가 나쁘니까 이런 일이 일어난 것이다'라며 그 원인을 자신에게서 찾으려 합니다. 자신의 노력이 의미 없게 된 마당에 남을 탓해 봤자 전혀 해결되지 않는다는 걸 잘 알지만, 그래도 해소되지 않는 분노가 결국 스스로에게 향하고 말죠.

이들은 모든 원인이 자신에게 있다고 생각합니다. 나한테 분노를 쏟아 내면 바깥으로 표출할 필요도 없기에 자신이 숭고한 사람이라는 착각도 듭니다. 그러면서 가족이나 주변 사람들과 멀어지지 않을까 걱정하고 '자학 리미터'를 사용합니다. 일부러 더 타인과 비슷한 생각을 하며 살아가려는 거죠.

스스로를 성공이나 재능에 집착하는 몸으로 만들어 '나는 아무 성과도 낼 수 없고 앞으로 아무 희망이 없다'라며 과소평가하고, 장래를 비관하면서 다른 사람들과 멀어지지 않도록 애쓰는 것으로 볼 수 있습니다.

만사가 다 허무하게 느껴진다고 해서 주변 사람들과 멀어지지 않는다는 걸 알면 '자학 리미터'는 필요 없어집니다. 그렇게 되면 집착으로 얼룩진 허무함을 이해하면서 다른 사람과 함께 살아가는 기쁨을 느낄 수 있을 겁니다.

> **변화를 만드는 1%의 마법**
> ○ 자학 리미터: 깨달음을 얻어 모두와 같은 세상에서 살지 못하게 되는 걸 막기 위한 방어 기제.

상대의 감정과 기분에 휘둘린다면

⑤ 눈치 백 단 리미터

- 언짢아하는 사람이 있으면 어떻게든 분위기를 풀려고 한다.
- 누군가와 함께 있을 때 침묵이 길어지면 불편하다.
- 나도 모르게 기분 내키는 대로 말했다가 앞뒤가 안 맞는 행동을 하게 된다.
- 약속을 갑자기 취소하고 싶어진다.
- 정신을 차리고 보면 어느새 하고 싶지 않은 일을 하고 있다.
- 상대가 화를 내면 '내가 실수했나?'라는 생각부터 한다.
- 약속을 지키지 못해서 자주 변명을 한다.

기분이 언짢은 사람 곁에 있으면 자꾸만 눈치를 보게 됩니다. 그리고 그렇게 신경 쓰고 눈치를 보면 볼수록 상대에게 휘둘려 매우 비참한 기분을 맛보게 됩니다. '이제 절대로 남을 신경 쓰지 않을 테다' 하고 다짐해도 또다시 불편한 기색을 보이는 사람을 보면 신경이 쓰여서 같은 행동을 반복하고 맙니다.

이 리미터는 자신의 숨겨진 뛰어난 능력을 발휘해서 주변 사람의 인생을 바꿀 만큼의 영향을 끼치지 않기 위해 작용합니다. 나답게 살다가 나의 뛰어난 능력을 본 주변 사람들에게 열등감을 심어 주는 걸 두려워합니다.

이들은 남의 감정을 안정시키는 것을 최우선으로 생각해서 내 진짜 능력과 진짜 나다운 모습을 억누릅니다. 그러다 상대방의 감정과 기분에 휘둘리며 나답게 살아갈 수 없다는 현실에 비참함을 느끼게 됩니다. 상대의 인생을 비참하게 만들지 않으려고 작동한 리미터가 오히려 자신을 비참하게 만들었습니다. 이들은 서서히 상대방에게 분노를 느끼죠.

또한 분노는 나도 모르는 사이에 상대방의 인생에 부정적인 영향을 주고 맙니다. 남의 인생에 악영향을 주지 않기 위한 리미터가 결과적으로 상대의 인생을 비참하고 무의미하게 만들어 버린 셈이죠.

· 왜 이런 리미터가 생겼을까? ·

이 리미터는 원래 자신을 사랑해 줘야 할 어머니가 항상 고민만 안고 사느라 자식을 사랑할 여유가 없을 때, 다른 어려움들로 감당이 안될 때 발생합니다. 그런 어머니를 보고 아이는 자신의 뛰어난 능력을 드러내면 어머니가 더욱 비참해지고 마음이 망가질 것 같다는 생각에 자신의 진짜 모습을 감추게 됩니다. 그렇게 어릴 때부터 '그래, 나보다 남을 더 신경 쓰면 내 본래 모습은 쉽게 봉인되는구나'라고 생각하게 되죠.

그리고 본인의 걱정에 몰두한 어머니를 걱정하면서 자신도 어머니가 느끼는 비참한 기분을 느끼게 됩니다. 항상 남의 감정에 촉각을 곤두세우고 있으니 '어떡하지…' 하며 안절부절못하기 때문에 원래 나의 당당한 모습을 드러낼 필요가 없어지는 거죠.

다시 말해, 남을 신경 쓰면서 안절부절못하고 자신이 자꾸 움츠러드는 것으로 어머니나 남들이 비참한 기분을 느끼지 않도록 하는 겁니다.

내 의지대로 자유롭게 살아도 상대방의 인생에 영향을 주지 않는다는 걸 알게 되면 이 리미터는 필요 없어집니다. 이 리미터가 사라지면 '내가 이렇게나 능력 있는 사람이었구나' 하고 감동하게 되죠. 남의 감정을 살피는 게 자신에게 얼마나 부담스러운 족쇄가 되는지 깨달으면 진정한 자유를 만끽할 수 있을 겁니다.

변화를 만드는 1%의 마법

○ 눈치 백 단 리미터: 뛰어난 능력을 발휘해 주변에 열등감을 심어 주지 않기 위한 방어 기제.

남의 시선이 신경 쓰인다면

↓

⑥ 남을 지나치게 의식하는 리미터

- 체면이 걱정된다.
- 남의 비판이 굉장히 신경 쓰인다.
- 식사 메뉴를 고를 때 자신이 먹고 싶은 것보다 상대에게 맞춘다.
- 남의 눈을 의식하느라 계획이 수시로 바뀐다.
- 기분 내키는 대로 말했다가 나중에 후회하는 일이 많다.
- 난 이렇게나 상대방을 생각하는데 아무도 알아주지 않아서 분노할 때가 있다.
- 내가 하는 일을 아무도 이해해 주지 않는다고 느낀다.

자신이 직접 계획을 세우려고 하지만 '남들이 어떻게 느낄까?' 하고 생각하면 처음 짰던 계획이 점점 뒤틀립니다. 결국 정말 내가 하고 싶었던 것이 무엇인지 알 수 없게 되죠. 남들의 시선을 너무 신경 쓰는 바람에 자신이 하고 싶었던 일도 잊고 목표마저 잃어서 '나는 아무것도 해낼 수 없다'며 자신감을 잃어 갑니다.

이런 사람들은 자신에게 있는 독특한 재능이 주변 사람들과의 조화를 깨뜨릴까 봐 두려워합니다. 그래서 '남을 지나치게 의식하는 리미터'를 작동합니다. 이렇게 주변 사람들의 시선을 의식하고 자신의 재능을 봉인합니다.

'이렇게 행동하면 사람들에게 빈축을 살지도 몰라.'
'그런 말을 하면 그 사람이 싸늘한 시선으로 쳐다볼지도 몰라.'

자신에게서 솟아나는 아이디어나 의욕을 아예 막아 버리는 겁니다. 그러면 평균 혹은 그 이하의 수준으로 자신을 낮출 수 있어서 주변과 어울리지 못해서 걱정하는 일은 없어집니다. 그러나 '남을 지나치게 의식하는 리미터'로 자신의 능력을 억누르고 주변과 수준을 맞춘대도 아무도 나한테 고마워하지 않습니다. 오히려 실망스럽다는 반응을 보일 수도 있죠.

나를 희생해서 전부 상대에게 맞춰 주는데 감사는커녕 냉대만 받으니 상대방이 원망스럽습니다. 하지만 이때도 '남을 지나치게 의식하는 리미터'가 작용하는 바람에 어느새 상대방의 감정에 휩쓸리고 맙니다. 발산하지 못한 분노가 축적되면 건강이 나빠지고 정신적인 충격을 받아 괴로움을 느끼는 겁니다.

· 왜 이런 리미터가 생겼을까? ·

이 리미터는 '눈치 백 단 리미터'와 마찬가지로 '가족의 보호나 사랑을 받을 줄 알았는데 그렇지 못한' 상황에서 발생합니다. '눈치 백 단 리미터'가 특히 어머니가 역할을 다하지 못하는 상태에서 발생한다면, '남을 지나치게 의식하는 리미터'는 가족이 어느 정도 제 기능을 할 때도 있으나 자녀가 부모보다 더 우수할 때 주로 작용합니다.

자신이 여러 뛰어난 능력을 갖춰서 가족한테 사랑받지 못하는 줄 알고 주변의 의견을 열심히 수용하면서 자신의 특출난 재능을 드러내지 않습니다. 즉 항상 주변 사람들이 나를 어떻게 보는지 신경 쓰느라 자신을 평균 혹은 그 이하의 수준으로 과소평가해서 타인의 따돌림을 피하려는 겁니다.

굳이 내가 주변을 지나치게 신경 쓰지 않아도 어우러질 수 있다는 걸 알게 되면 '남을 지나치게 의식하는 리미터'는 필요 없어집니다. 이 리미터가 사라지면 다른 이의 시선을 의식하지 않고 자유롭게 자신의 재능을 발휘하면서 더욱 즐거운 인생을 살아갈 수 있습니다.

변화를 만드는 1%의 마법

○ 남을 지나치게 의식하는 리미터: 재능을 발휘하여 주변 사람들과의 조화를 깨뜨리지 않기 위한 방어 기제.

일, 돈에 대한 걱정으로 가득하다면

↓

⑦ 근심 걱정 리미터

- 항상 돈이 걱정된다.

- 미래를 위해 지금 저축해 둬야 한다고 생각한다.

- 나중에 병에 걸리면 어쩌나 걱정할 때가 있다.

- 언제 실직할지 몰라 두렵다.

- 모처럼 찾아온 기회를 놓칠 때가 많다.

- 주변 사람들의 신용을 얻지 못한다(항상 자신의 안위만 생각하니까).

- 자유롭지 못하다.

'앞으로도 이 일을 계속 할 수 있을까?'

'과연 이 월급으로 내 노후는 괜찮을까?'

이들은 미래에 대한 불안이 끊이질 않아 '이대로 살다가는 큰일 날지도 모른다'고 생각하며 이직을 고려하기도 합니다. 하지만 '이직한 회사의 기대에 부응하지 못해서 해고되면 어쩌지?' 혹은 '무리하게 일해서 건강이 나빠지면 어쩌지?' 등의 걱정을 떠올리면 좀처럼 쉽게 행동할 수 없고, 지금 하는 일도 집중할 수 없게 됩니다. 결국 걱정만 하다가 불안감의 소용돌이에 빠지기 쉽습니다.

이 리미터는 끊임없는 호기심이나 모험심 때문에 '인생'이라는 레일을 탈선해서 삶을 망치는 일을 막는 역할을 합니다. 항상 최악의 경우를 예상하고 대비함으로써 자동적으로 호기심을 억누르며 모험하고 싶은 욕구를 없애 버립니다. 그래서 언제나 제일 안전한 길을 걸을 수 있고 위험을 피할 수 있습니다.

그러나 항상 최악의 상황만 생각하기 때문에 일이 순조롭게 진행돼도 머릿속에는 늘 '그곳에 있을지도 모를 위험'부터 떠오릅니다. 그래서 순순히 기뻐하고 즐거워할 수 없습니다. 내가 하는 모든 행동이 위기를 회피하기 위한 것이므로 '나는 대체 뭘 위해 살고 있는지 알 수 없다'는 괴로움에 시달리기 쉽습니다.

· 왜 이런 리미터가 생겼을까? ·

이 리미터는 부모 양가 집안에 외도, 도박, 알코올이나 약물 중독, 빚을 지는 버릇 등을 가진 사람이 있는 경우에 '이 아이도 커서 저렇게 되는 게 아닐까?' 하는 걱정을 듣고 자라며 발생합니다.

문제를 일으키는 배우자에 대한 증오심이 자식에 대한 걱정으로 바뀌면 분노와 '근심 걱정 리미터'를 주입합니다. 그럼 아이는 새로운 일에 도전하는 것이 두렵고 앞날이 무섭다고 생각하게 됩니다.

우리는 안정된 인생을 보내기 위해서 모험심이나 호기심을 갖지 않는 게 더 좋다는 고정 관념에 묶일 때가 많습니다. 그러나 그런 것들이 실은 어릴 때 부모나 선생에게 주입된 고정 관념임을 깨달으면 '근심 걱정 리미터'는 불필요해집니다. 한 번뿐인 나의 인생을 어떤 식으로 보낼지 자유롭게 선택할 수 있게 되면서 인생이 점점 풍부하고 즐거워질 겁니다.

변화를 만드는 1%의 마법

○ 근심 걱정 리미터: 안정적인 삶의 궤도에서 탈선하는 것을 막기 위한 방어 기제.

한계를 돌파하는
1%의 마법

↓

· 리미터를 해제하면 위대한 나를 발견한다 ·

지금까지 7가지 리미터를 살펴봤습니다. 리미터는 전부 나의 특출난 재능이나 개성 때문에 주변 사람들로부터 질투를 받거나 그들에게 혼란을 주지 않기 위해 작용한다는 걸 알 수 있습니다. 그리고 이 리미터를 해제해도 내가 걱정했던 일 따위는 전혀 일어나지 않는다는 것을 알 수 있습니다.

오히려 '내가 이렇게 대단했다니?' 하고 놀랄 뿐만 아니라 주변 사람들과의 관계도 더 좋아져서 '그 괴로운 심정은 대체 뭐였지?' 하고 새삼스럽게 의문을 느끼게 되죠.

여러분은 자신에게 어떤 리미터가 있는지 알 수 있었나요? 리미터가 결코 나쁘기만 한 건 아닙니다. 나를 지키기 위해 나도 모르는 사이에 갖추게 된 삶의 방법일 뿐이죠. 하지만 리미터가 우리를 부자유하게 만들고 나답게 살지 못하게 한다면 더는 필요하지 않습니다. 오히려 나의 가능성을 꺼내기 위해 없애야 하는 것들이죠.

· 상식을 뛰어넘는 진짜 목소리 ·

지금까지 리미터가 무엇이고 왜 발생하는지, 당신을 옥죄는 리미터 유형을 분석하고 '마음에게 질문하는 방법'으로 해제하는 과정까지 소개했습니다. 마음에 묻는 방법은 어떻게 보면 터무니없이 들리지만 저는 이 방법이 이제까지 배운 그 어떤 심리 치료법보다 강력하고 본인에게 깊게 와닿는 답을 준다고 생각합니다.

그건 상식이나 고정 관념을 뛰어넘은 당신의 진짜 목소리이기 때문이겠죠. 마음에게 묻는 방법은 단순히 증세에 대한 치료법이 아닙니다. 본인의 생각을 근본부터 바꾸는 과정입니다. 그렇기에 두 번 다시 그런 상황에 빠지지 않게 만드는 아주 간단하고도 강력한 방법이라고 할 수 있습니다.

2부에서는 마음과의 대화를 반복한 덕분에 리미터를 없애고 인생을 바꾼 사람들의 이야기를 소개합니다. 일, 돈, 가족 관계, 연애, 건강에 관한 고민을 보면서 그들에게 어떤 리미터가 왜 생겼는지, 어떻게 하면 리미터를 버리는 1%를 찾아 무한한 자유를 누릴 수 있는지 살펴봅니다. 이들이 마음과 대화하며 답을 찾는 과정을 잘 살펴보세요. 분명 당신이나 주변에서도 비슷한 사례를 찾을 수 있을 겁니다.

각 사례만 보면 모두가 마음과 대화하며 곧바로 대답을 찾는 것처럼 느껴질 수 있지만, 실제로는 저와 함께 '마음에 질문하기'를 반복하면서 점차 마음의 목소리를 듣게 된 겁니다. 처음부터 마음의 목소리가 들리지 않는 건 당연합니다. 그래도 마음에 계속 묻다 보면 마음은 반드시 당신에게 필요한 대답을 들려줍니다. 그러니 포기하지 말고 계속 대화를 시도해 보세요.

한번 마음과 이어지면 마음은 당신에게 가장 좋은 조언자로서 강력한 힘을 발휘하게 될 겁니다.

변화를 만드는 1%의 마법

○ 리미터는 나를 지키기 위해 나도 모르게 갖춰진 삶의 방법입니다. 하지만 그것이 '나답게 사는 것'을 제한한다면 그냥 포기해도 되는 겁니다.

2부

1%의
마법으로
이루어지는
것들

1장

/

"일"을
잘하고 싶은
당신에게

동료의 반응 하나하나가
너무 불안하다

↓

저는 회사원입니다. 이전에 상사한테서 딱 한 번 "참 잘했군!"이라고 칭찬받은 적이 있었습니다. 그때부터 저는 '다음에도 상사의 기대에 부응해야한다'는 압박을 안고 일했지만, 내심 그때의 칭찬이 어쩌다 운이 좋아서 받은것일 뿐 진짜 내 실력은 아니었다는 생각을 지울 수가 없습니다. 실제로 지금까지 성과를 조금도 내지 못했어요.

'이 사람은 입만 살았지 성과는 내지도 못하는 게 아닐까? 알고 보면 실력은 별로 없을지도.'

혹시 상사가 마음속으로는 저를 이렇게 생각하는 건 아닐지 불안해지기 시작했습니다. 불안이 커지면 커질수록 자신감을 잃었고 결국 어떤 일도 뜻대로 되지 않는 악순환이 되풀이되고 있습니다.

· 상담실을 처음 온 사람의 반응 ·

남자는 살짝 긴장한 표정으로 상담실을 찾아왔습니다. 아마 상담이 처음인 듯했습니다. 남자는 이제부터 무엇을 하면 좋을지, 심리 상담사가 어떤 인물인지 몰라서 불안한 표정으로 실내를 둘러봅니다. 어쩌면 흰 벽, 흰 바닥, 흰 천장으로 된 의료 시설에서 하얀 가운을 입은 심리 상담사를 상상하느라 긴장한 걸지도 모르겠습니다.

제 상담실은 평범한 사무실처럼 업무용 책상과 책장, 그리고 소파와 테이블이 있습니다. 그리고 저는 하얀 가운이 아니라 밝은 색의 셔츠와 청바지를 입고 있었죠. 저는 남자에게 웃으며 의자에 편히 앉으라고 권했습니다. 간단히 인사를 나누자 다소 긴장이 풀렸는지 남자는 고민을 털어놓기 시작했습니다.

남자는 일 때문에 큰 고민을 안고 있었습니다. 상사의 평가를 너무 신경 쓰느라 업무를 뜻대로 진행할 수 없다고 했죠. 또 일을 못하면 상사에게 타박받을까 걱정하느라 더욱 일을 잘하지 못하는 악순환에 빠져 있다고 말했습니다.

"상대의 기대에 부응해야 한다는 부담이 너무 큽니다."

남자의 고민을 들으면서 저는 그 심정을 크게 공감했습니다. 예전에 저도 상대방의 기대에 답하고 싶을수록 입만 살아서 거짓말만 잘하는 사람이라는 딱지가 붙을까 봐 매우 불안했기 때문이죠. 우리는 왜 일에 지장이 생길 정도로 남의 평가를 신경 쓰는 걸까요?

· 마음의 목소리가 좀처럼 들리지 않는다 ·

저는 남자에게 "원인을 알기 위해서 자신의 마음에 물어보는 방법을 사용해 봅시다"라고 말했습니다. 그러자 남자는 "마음에 물어보는 방법이라니 그게 뭔가요?"라고 물었죠. 당연히 그런 질문이 나올 줄 알았던 저는 "자문자답과 비슷한 것으로 생각하시면 됩니다. 이건 질문 앞에 '마음이여'라는 문구를 붙여서 나 자신의 마음에 질문을 해 가는 방법입니다"라고 대답했죠.

"그럼 눈을 감아 주세요. 그리고 '마음이여, 나를 도와줄 수 있겠니?'

라고 마음에게 물어보시겠습니까?"

그러자 남자는 "아무 대답도 안 들리는데요"라고 대답했습니다. 저는 다시 이렇게 말했습니다.

"질문하자마자 머릿속에 바로 떠오르는 것도 괜찮습니다."
"아니요, 아무 소리도 안 들려요."
"자문자답이니까 굳이 목소리가 들리지 않아도 괜찮습니다."
"아무것도 떠오르는 게 없다니까요."

남자는 단호했습니다. 그럴 때 저는 아주 간단한 예를 활용해 자문자답을 해 보길 권합니다. 예를 들어 이런 식이죠.

"알겠습니다. 그럼 이렇게 해 보죠. '마음이여'라는 문구를 붙이지 않아도 되니까 제 질문을 듣고 머릿속에 뭐가 떠오르는지 대답해 주세요. 지금 배가 고픕니까?"
"별로 배가 안 고픕니다'라는 대답만 떠오르는데요."
"지금 그 대답이 바로 '사고'입니다. 지금과 같은 방식으로 이번에는 질문 앞에 '마음이여'를 붙이기만 해도 됩니다."
"…"

"무슨 대답이 들립니까?"

"아니요, 아무 대답도 안 나오는데요."

남자는 점점 초조해지는 모양이었습니다. 그래서 저는 "마음이여, 나와 마음 사이를 무엇이 방해하고 있니?"라고 질문해 보기를 권했고 남자는 다시 "딱히 느껴지는 게 없다니까요!"라며 살짝 짜증을 냈습니다. 저는 다시 이렇게 물었습니다.

"그럼 한 번 더 해 보죠. '마음이여, 내가 마음의 소리를 듣지 못하도록 방해하는 것은 무엇이니?' 하고 질문하면 바로 떠오르는 사람이 있나요?"

그러자 남자에게 "직장 동료…?"라는 대답이 돌아왔습니다. 저는 "마음에게 직장 동료의 방해를 제거해 달라고 해 보세요. 제거했다면 알려 주시고요"라고 말씀드렸습니다. "아, 없어졌어요"라는 남자의 답에 저는 다시 한번 "마음이여, 지금 나와 마음 사이를 방해하는 것이 있니?"라고 물어보도록 하자 남자는 "아직도 있는 것 같아요. 어머니의 모습이 떠올라요"라고 대답했습니다.

이제 남자는 마음에게 묻는 게 무엇인지 조금 감을 잡는 것 같았습니다. 제가 "어머니의 방해를 제거해 주세요"라고 부탁하자 "아! 제거한 것 같아요"라는 대답이 돌아왔죠. 또다시 "마음이여, 나와 마음 사이를 무엇이 방해하고 있니?"라고 물어보도록 권하자 이번에는 "없어요!"라는 대답이 떠올랐다고 했습니다. 남자는 비로소 처음에 시도했던 "마음이여, 나를 도와줄 수 있겠니?"라는 물음에 "그래, 좋아"라는 마음의 대답을 들었다고 말해 줬습니다.

변화를 만드는 1%의 마법
○ 마음에게 묻는다는 건 곧 자신에게 묻는 겁니다. 다만 스스로 만족하고 최선의 결과를 이끌어 내도록 반복하며 묻고 답하는 과정일 뿐입니다.

잘못된 믿음은 어디서 왔는가?

↓

· 무의식에 스며든 잘못된 믿음 ·

마음의 소리를 듣는 요령을 알아 가기 시작하면 이제 고민과 직결된 구체적인 질문을 하게 됩니다. 우선 "마음이여, 왜 상사의 평가가 신경 쓰여 일을 잘 못하는 것 같아?"라고 질문합니다. 그러자 남자는 "친구나 회사는 나를 '필요 없는 사람'으로 여긴다고 주입당했으니까"라는 대답이 떠올랐다고 했습니다.

남자는 자신의 마음속에서 뜻밖의 대답이 나오자 매우 혼란스러워했습니다. 그는 "아니, '주입당했다'는 건 뭐죠?"라고 당황했지만 곧 항상 '친구와 회사가 자신을 필요 없다고 여기는 게 아닐까?'라는 생각이 들었다며 솔직한 심정을 털어놓았습니다.

저는 "마음이여, 누가 어떤 감각을 주입했다는 거니?"라고 질문하도록 했습니다. 그러자 그의 마음은 "너는 아무 가치도 없는 존재라고 어머니에게 주입당했다"라고 대답했습니다. 하지만 남자는 어머니가 분명 자신을 아끼고 사랑했으며 자신을 이해해 주는 사람이라고 말했습니다. 남자는 마음의 대답을 의심스러워하면서 다시 마음에게 물었습니다.

"마음이여, 우리 어머니가 왜 나에게 '가치가 없다'는 감각을 주입하는 걸까?"

"어머니는 너의 가치를 알아보고 필요로 하는 사람이 오직 당신뿐이라고 생각하니까. 그래서 어머니는 너를 돌아오게 하고 싶어서 '넌 밖에서는 별 가치도 없어'라는 생각을 주입한 거지."

아직 그 대답이 석연치 않았던 남자는 "마음이여, 그게 무슨 뜻이니?"라고 물었습니다. 그러자 마음은 "너는 '어머니 말고는 자신의 가치를 알지 못한다'는 리미터가 주입돼 있어. 그래서 상사를 믿을 수 없는 거야"라고 대답했습니다.

그뿐만 아니라 그는 '상사가 자신의 가치를 알아준다는 걸 느끼면 상사와 마음이 통해서 일을 더 효율적으로 진행할 수 있을 텐데, 상사는 나의 가치를 모르는 것 같아서 뜻대로 일을 처리할 수 없다'는 사실도 알게 됐습니다.

· 마음을 엎어서 공터로 만든다 ·

그는 항상 어떻게든 혼자 해내야 한다고 생각해서 상사한테 의견을 구하지 않았다고 합니다. 남자는 자신에게 남의 말을 듣지 않는 나쁜 버릇이 있다고 생각했습니다. 하지만 사실 상사가 나의 가치를 알아주지 않는다는 무의식적인 생각 때문에 다른 사람에게 솔직하게 상담할 수 없었던 겁니다.

남자가 "마음이여, 그럼 난 어떻게 하면 좋을까?"라고 묻자 돌아온 답은 "이미 가꿔진 밭을 갈아엎고 공터로 만들어 봐"였습니다. 그 순간, 남자의 눈앞에는 잡초로 가득 찬 밭이 펼쳐졌습니다. 알고 보니 그 잡초는 어머니가 심은 꽃이었고 남자의 눈앞에서 피었다가 지기를 반복했습니다.

남자가 밭을 경운기로 전부 갈아엎는 모습을 상상하자 흙과 식물이 이리저리 뒤섞이면서 싱싱하고 새로운 땅이 생겼습니다. 땅을 다

갈아엎고 나자 마음은 "아무것도 없는 상태가 된 지금, 그곳에 상사가 네 일과 어울리는 씨앗을 뿌릴 거야. 그리고 상사가 이 공터에 뿌린 씨앗은 나무로 자라서 열매를 맺지"라고 알려 줬습니다.

마음은 남자에게 잘 여문 과일이 매달린 밭을 보여 줬습니다. 그 순간 남자는 자신이 원하던 것을 깨달았습니다. 자신은 상사의 평가를 신경 썼던 게 아니라 '보람을 느끼는 일을 하지 못하는 것'을 고민했던 겁니다.

· 상대방의 반응이 두려워지지 않는 마법의 말 ·

조금씩 자신의 내면을 살피고 파고들던 남자는 다시 마음에게 물었습니다.

"마음이여, 난 이제 구체적으로 뭘 하면 좋을까?"

"나한테 아무것도 없다'라고 속으로 되뇌기만 해도 언제든 공터를 만들 수 있어."

그 이후로 남자는 상사의 평가가 신경 쓰여 불안할 때마다 '나한테 아무것도 없다'라고 되뇌었습니다. 그러면 나약한 자신의 모습이 떠오르다가도 금세 사라졌다고 합니다. 머릿속에 "너는 몸이 약하니까", "정작 중요한 순간에 몸이 안 좋아지니까"라는 어머니의 말이 떠오르곤 했는데, '나한테 아무것도 없다'라고 되뇌면 그런 생각은 전혀 나지 않았고 일에만 집중할 수 있었습니다.

이제는 담담하게 일을 진행하면서 상사에게 보고도 자주 하게 됐습니다. 왜냐하면 '부정당하는 일이 생기더라도 어차피 원래의 공터로 되돌아가는 것뿐이다'라는 안도감이 생겼기 때문입니다.

또한 부정당하는 것을 두려워하지 않고 상사에게 보고하면 신기하게도 상사는 남자에게 새로운 아이디어가 떠오르는 조언을 해 준다고 말했습니다. 남자는 상사가 자신을 제대로 평가해 주지 않는다고만 생각했는데, 이제는 자기 일을 제대로 평가해 주고 도움도 준다고 말했죠. '나한테 아무것도 없다'라고 되뇌면 어느새 자랑할 만한 성과를 내서 "와, 제법인데?"라고 칭찬받는 일도 생겼습니다.

나에게 아무것도 없다는 말은 포기하라는 의미가 아닙니다. 내가 이제까지 쌓은 경험을 비료 삼아 진정으로 하고 싶은 일을 위한 토양을 만드는 일이었습니다. 남자는 '나한테 아무것도 없다'고 되뇌는 것만으로도 풍성한 과일을 맺는 모습을 상상하게 됐고, 실제로도 놀라운 성과를 낼 수 있게 됐다고 말했습니다.

리미터의 정체는 어머니한테서 주입된 '어머니 이외의 사람은 자신의 가치를 이해할 수 없다'는 감각이었습니다. 그것이 남의 평가를 솔직히 받아들일 수 없는 원인이었습니다. 상대의 평가가 신경 쓰여서 뜻대로 성과를 내지 못하고 초조해하기만 한다면 당신 안에도 이 같은 리미터가 숨어 있을지도 모릅니다.

변화를 만드는 1%의 마법

○ 타인의 반응이 신경 쓰인다면 '나한테 아무것도 없다'라고 되뇌어 봅시다.

뭐든지 잘해야 된다는
불편한 강박

저는 웹 디자이너입니다. 일을 하는데 '의뢰받은 일을 마감일까지 끝내는 게 가능할까?' 하는 불안 때문에 한밤중에도 눈을 번쩍 뜨곤 합니다. 실제로는 일정대로 잘 진행하고 있지만 문득 이런 걱정이 들곤 합니다.

'고객이 갑자기 무리하게 요청해서 스케줄이 뒤틀리면? 그러다 일을 제대로 끝내지 못하면 어쩌지?'

사실 아직 시간이 남았는데도 '왜 이런 무리한 요구만 하는 고객한테 일을 받은 걸까' 하고 후회도 들어요. 동시에 이렇게 불만만 품고 일하다가 고객이 클레임을 걸어 일이 끊길까 봐 걱정돼서 잠을 잘 수가 없습니다.

잠이 하도 안 와서 일이라도 하고 있으면 '왜 내가 이런 고생을 해야 하지?' 하고 화가 솟구칩니다. 그러다 잠자리에 들면 또다시 눈을 뜹니다. 계속해서 '일을 이대로 마무리 짓지 못하고 그대로 망치면 어쩌지?' 하는 불안에 사로잡히는 나날을 보내고 있습니다.

· 불안함에서 태어난 위기의 예스맨 ·

이 사람은 잠도 자지 못하고, 그렇다고 일에 집중도 못하며 일을 제대로 진행하지 못하고 있습니다. 여자에게 어떤 리미터가 있는지 알아내기 위해 마음에 대고 "마음이여, 대체 무슨 일이 일어나고 있지?"라고 묻기를 권했습니다. 그러자 "내 마음속에 있는 무한을 받아들이도록 해"라는 대답이 돌아왔습니다. 여자는 그게 무슨 소리인지 이해할 수가 없어서 "마음이여, 무한을 받아들이라는 게 무슨 뜻이니?"라고 질문했습니다.

"너는 '뭐든 잘해야 해!'라고 생각하지? 그게 너의 리미터야. 그러니까 그런 생각을 '나는 무한하다'로 바꾸면 돼."

그 말대로 여자는 항상 '고객의 요청에 뭐든 응하고 뭐든 잘해야 한다!'고 생각했습니다. 그러면서도 '내 능력에는 한계가 있는데'라는 생각에 불안했죠. 여자는 "뭐든 다 할 수 있습니다!"라고 말하지 않으면 일거리를 받을 수 없다고 생각했습니다. 그러다 고객들의 요청이 점점 많아지면서 여자는 결국 마음의 여유를 잃게 됐습니다.

다시 말해, 자신을 '뭐든 잘할 수 있는 사람'으로 크게 포장하는 바람에 고객의 무리한 요청이 잦아졌고, '그런 고객에게 불만을 품다가 결국 고객과의 관계가 깨지는 게 아닐까…' 하는 상황에 빠지고 만 겁니다.

· 자신의 가치를 제한하지 말자 ·

"마음이여, 무한하다고 생각하면 상황이 더 나빠지지 않을까?"

"제한을 두니까 상대방이 그걸 뛰어넘으려고 하는 거야. 아예 제한이 없으면 상대방은 정말 자신이 원하는 것만 요구할 거야."

여자는 '나는 무한하다'고 생각하다가 무리한 일감이 더 많이 들어오는 게 아닐까 생각했지만 마음의 답을 들은 순간 어떤 상황이 떠올랐습니다.

"그러고 보니 고객에게 '그건 좀 어려운데요'라고 말하면 '제발 그걸 좀 어떻게든…' 하고 무작정 요구하는 경우가 많았어. 내가 아무 말도 안 하면 상대방도 무리한 요구를 하지 않는데, 그건 좀 어려울 것 같다고 제한하는 순간 바로 무리하게 요청하는 경우가 많았거든. 그렇다면 내가 어려울 것 같다고 말해서 고객들이 더욱 고집을 부리게 된 걸까?"

"그게 다가 아니야. 네 가치가 무한한 만큼 거기에 맞는 적당한 비용을 청구할 수도 있잖아?"

마음의 말을 듣고 여자는 "아, 그렇구나!" 하고 외쳤습니다. 여자는 항상 '나는 이것밖에 못 하니까 이 이상의 돈을 달라고는 못 해'라고 생각하며 태도를 낮추고 낮은 가격을 제시했습니다. '나는 별로 실력도 없으니까 제시한 견적대로 진행해야겠어'라며 무리하게 일을 진행한 적도 많다고 말했습니다.

하지만 당신의 가치는 무한합니다. 여자는 지금까지 돈을 더 청구할 때마다 죄책감이 들었지만 이제 '내 가치가 무한하다면 얼마든지 돈을 더 청구해도 되겠구나'라는 생각이 들기 시작했습니다. 그래서 힘들고 어려운 일을 하게 된다면 그만큼의 액수를 확실히 청구하겠다고 결심합니다. 그러자 어려운 요구를 하는 고객에 대한 분노가 수그러들었다고 합니다.

· 내 안의 무한한 가능성을 믿어라 ·

그렇지만 '정말 그럴 수 있을까' 하고 불안해진 여자는 마음에게 이렇게 물었습니다.

"마음이여, 어떻게 하면 이 불안을 해소할 수 있을까?"
"내 안에 무한한 가능성이 있다!'고 외쳐 봐. 나는 너와 항상 함께 있으니까."

마음은 다정하게 말해 줬습니다. '항상 나와 같이 있구나' 하는 생각에 여자는 눈물을 글썽였습니다. 여자는 그 후로 일을 할 때 몇 번이나 '내 안의 무한한 가능성'을 되뇌었습니다. 그러자 어떻게 하면 좋을지 몰라 머리를 싸매는 일도 없어졌다고 합니다. 나의 가능성은 무한하니까 나중의 일을 미리 생각하면서 불안해하거나 초조해할 필요도 없고 담담히 일을 진행할 수 있었죠.

예전에는 밤에 잠자리에 들려고 하면 '이렇게 자도 괜찮을까? 지금 일을 해야 다 끝낼 수 있지 않을까?' 하고 불안해했지만 '내 안에 있는 무한한 가능성이 있다'고 되뇌다 보면 어느새 잠이 들어서 아침까지 푹 잘 수 있게 됐습니다.

고객과 미팅을 하기 전에도 내 안에 무한한 가능성이 있다고 되뇌면 "이런 부분은 좀 어려운데요…"라고 자신의 한계를 드러내는 일이 없어져서 고객도 괜한 참견을 하지 않게 됐다고 했습니다. 완성된 결과물을 상대방에게 당당히 제시할 수 있게 돼 고객도 매우 기뻐하고 자신도 "다음에도 잘 부탁드립니다"라며 개운한 마음으로 일을 마무리할 수 있게 됐습니다.

이 사례처럼 '뭐든 잘해야 해!'라는 리미터를 가진 사람은 많습니다. 어릴 때부터 "공부도, 운동도 잘하는 사람은 참 대단해. 그렇지 못한 사람은 쓸모도 없어"라는 환경에서 자란 사람은 잘 해내지 못하는 '나'는 높은 평가를 받을 수가 없다고 생각해 자신감을 잃습니다.

하지만 사람은 제각각 무한한 존재입니다. 나의 무한한 가능성을 믿으면 마음에 여유가 생기고 불안감에 눈길을 주는 일도 없어집니다. '내 안에 무한한 가능성이 있다!'고 되뇌는 것만으로도 당신의 인생은 점점 발전하고 자신의 한계를 뛰어넘을 수 있습니다. 그렇게 더욱 즐거운 미래를 맞이할 수 있을 겁니다.

변화를 만드는 1%의 마법

○ '내 안에 있는 무한한 가능성'을 믿고 자신감을 되찾읍시다.

결정적인 순간에
실수를 저지른다

저는 오랫동안 미용 전문가로 일하면서 특히 남들보다 더 잘해야 한다는 생각이 강했습니다. 그런데 긴장만 하면 위축되는 바람에 성과를 제대로 내지 못할 때가 많습니다. 아무도 없는 곳에서는 척척 일을 잘하는데, 누가 보고 있으면 자꾸만 실수를 저질러서 좋은 평가를 받지 못합니다. 그럴 때마다 억울함을 느낄 때가 많습니다.

얼마 전에도 '관리 회사에서 마무리 작업을 확인하겠다'는 예고를 듣자마자 저는 긴장하고 실수를 저지르고 말았습니다. 결국 "아니, 대체 누가 일을 이렇게 해?"라는 지적까지 받고 말았죠. 평소에는 그런 실수를 전혀 하지 않습니다. 하지만 정작 중요한 순간만 되면 실수하는 일이 반복됩니다. 이런 버릇을 정말 고치고 싶어요.

· 한심하게 행동하게 되는 이유는? ·

중요한 순간만 되면 실수를 저지르고 만다는 고민을 가진 남자가 상담을 받으러 왔습니다. 저는 남자가 마음에게 묻도록 했습니다. "마음이여, 왜 나는 중요한 순간에 실수만 하는 걸까?" 그러자 마음은 "모두가 나를 한심하게 여기고 있으니까"라고 답했습니다. 남자는 '역시 다들 나를 한심하게 보고 있구나…'라고 충격받았지만, 한 번 더 마음에 물어봤습니다.

"마음이여, 왜 모두가 나를 한심하게 여기는 걸까?"
"그건 네가 자신을 한심하게 여기니까 자연스럽게 그런 행동이 튀어나오는 거야."

다시 말해, 중요한 순간에 '한심한 나 자신으로 행동하는' 리미터가 걸려 있었던 겁니다. 남자는 "스스로를 한심하다고 생각하는 건 맞지만 그걸 들키지 않으려고 필사적으로 노력하는데…"라고 억울해했습니다. 그러자 마음은 이렇게 답했습니다.

"한심하게 보이지 않으려고 노력할수록 긴장을 하니까 실수가 생기고 결과적으로 정말 한심한 내가 되는 거야."

· 기대하지 않는 인생을 굳이 고르게 되는 이유 ·

정곡을 찔린 남자는 잠시 멍해져 있다가, 어떻게든 고쳐 보고 싶다는 심정으로 마음과 대화를 이어 나갔습니다.

"마음이여, 그럼 나는 어쩌면 좋을까?"
"'한심하다'는 생각이 어디서 오는지 알아내면 돼."
"마음이여, 그 생각이 어디에서 오는지 가르쳐 줄래?"
"그건 네 어머니한테서 오는 거야."

그 대답을 듣고 남자는 크게 납득했습니다. 어머니는 그가 대학을 나와 평범한 직장인으로 살기를 원했지만, 공부 대신 게임을 즐겨 하던 그는 결국 어머니가 원하는 진로를 선택하지 않았습니다. 그래서 어머니가 자신을 한심하게 여긴다고 생각한 겁니다.

"마음이여, 우리 어머니는 정말 나를 한심하다고 생각할까?"라는 물음에 마음은 이렇게 말했습니다. "어머니는 너를 한심하다고 생각하지 않아. 네가 어머니가 깔아 준 루트에서 벗어나고 싶어서 이 상황을 만들어 낸 거지."

이 말을 들은 남자는 다소 혼란스러웠습니다. 아무리 생각해도 자신은 루트에서 벗어나려고 행동한 기억이 없었기 때문입니다.

"마음이여, 그게 무슨 뜻이야?"

"어머니의 뜻대로 살아가는 아버지를 한심하다고 느꼈잖아?"

갑자기 떠오른 마음의 말에 깜짝 놀라는 남자. 그의 아버지는 부부 사이에 불화를 일으키고 싶지 않아서인지 어머니의 말을 잘 따르며 살았습니다. 그래서 인생에 어떤 도전도 없이 재미없는 일을 묵묵히 했고, 곧바로 퇴근하고도 어떤 취미도 없이 남자가 보기에 지루한 인생을 보내고 있던 겁니다.

그런 아버지를 보고 남자는 '저렇게 살고 싶지 않다'고 생각합니다. 그래서 어머니의 말에 오히려 반발심이 생겨 공부하지 않았던 일이 떠올랐습니다. 남자는 '남의 뜻에 맞춰서 살면 한심한 인생이 된다'고 생각했기 때문에 남들이 보는 앞에서 일부러 더 실수했을지도 모른다는 가설이 떠올랐습니다. 남자가 마음에게 그 가설이 맞는지 확인했습니다.

남자는 "그래. '한심하다'고 취급받으면 기대 또한 하지 않게 되니까"라는 마음의 말에 깜짝 놀랐습니다. 남자는 그동안 자신이 상대방의 기대에 내 인생이 좌우되지 않도록 '한심한 나'를 연기했다는 것을 알게 됐습니다. 그러나 직장에서 계속 실수만 하고 싶지 않았습니다. 그래서 남자는 다시 물었습니다.

"마음이여, 그런데 남들이 날 한심하다고 느끼는 건 일할 때 방해만 되는데…."

"나는 이미 해방돼 있다고 외쳐 봐."

남자는 그게 무슨 뜻인지 알 수 없었지만 일단 마음이 시키는 대로 '나는 이미 해방돼 있다'고 외쳤습니다. 그러자 신기하게도 자신을 옥죄던 '한심하다'는 쇠사슬이 풀리고 자유로운 감각이 느껴졌습니다.

· 강박에서 벗어나자 빛나는 인생이 시작됐다! ·

그 이후 남자는 일할 때마다 누군가의 시선이 의식되면 '이미 나는 해방돼 있다'라고 되뇌었습니다. 그러자 경직된 느낌이 사라지면서 눈앞의 일에만 집중할 수 있었습니다. 남자는 지금까지 '나는 뒤통수에도 눈이 달렸다'고 생각할 정도로 주변에 있는 모든 사람의 시선을 신경 썼지만 '이미 나는 해방돼 있다'고 생각하자, 주변의 시선이 신경 쓰이지 않게 됐습니다. 그러자 업무 효율도 좋아지고 일이 더 즐거워졌다고 합니다.

심지어는 동료들에게서 "아주 다른 사람이 된 것 같다"라는 말도 들었다죠. 불안해하고 안절부절못하다가 이제는 일할 때 남들이 다가

오는 것도 모를 정도로 집중해서 일도 더 빨리 끝내게 됐답니다.

아주 조금 바뀐 것만으로 무한의 상태가 된 지금, '나는 이런 삶을 살고 싶었구나' 하고 해방감을 느낀 남자는 "마음이여, 이제 됐니?" 하고 확인했습니다. 그러자 마음은 "이제부터가 시작이야!"라고 대답했다며 남자는 기쁘게 마음과의 대화를 들려줬습니다.

평소에는 잘만 하는데 중요한 순간에 실력이 나오지 않거나 실수를 하는 경우에는 여러 원인이 있을 겁니다. 그중 '내 인생이 누군가에 의해 좌지우지되고 싶지 않다'는 생각으로 일부러 한심한 모습을 만들어 낸 가능성도 있습니다. 이런 가능성이 짐작된다면, 살짝 긴장감을 느낄 때 '이미 나는 해방돼 있다'라고 되뇌어 보세요. 나를 옭아매던 것이 점점 풀려 내 안의 숨은 힘을 발휘할 수 있게 될 겁니다.

변화를 만드는 1%의 마법

○ '이미 나는 해방돼 있다'라고 되뇌어 봅시다.

2장

/

"돈" 걱정을
덜고 싶은
당신에게

항상 돈이 없는
진짜 이유를 찾아라

저는 직장을 다니면서 성실하게 일하고 있습니다. 하지만 월급이 적어서 늘 절약해야 하죠. 직장 동료가 같이 점심을 먹자고 해도 '돈이 없다'는 우울한 생각이 먼저 떠올라서 그 어떤 것도 즐길 수가 없습니다.

옷을 입더라도 좀 더 세련된 것을 입고 싶은데, 새 옷을 살 여유가 없었습니다. 어느날 친구가 제게 이렇게 말하더군요.

"넌 항상 똑같은 옷이구나."

그 말을 듣는데 굉장히 비참한 기분이 들었습니다. 내가 좀 더 돈이 많았더라면 마음에 여유가 생겼을 텐데. 그럼 더 대담하게 행동할 수 있을 것 같은데. 저는 돈이 없어서 항상 비참함과 초조함에 휩싸입니다. 그래서인지 무엇 하나 즐겁다고 느껴지는 일이 없습니다.

· 질투가 두려워서 만들어 낸 '비참한 나' ·

경제적인 문제로 고민하는 여자는 매우 심각해 보였습니다. 여자는 "마음이여, 나는 돈이 없니?"라고 물었습니다. 그러자 마음에게서 "없어"라는 직설적인 대답이 돌아왔습니다. 여자는 그런 것쯤은 나도 다 안다고 생각했지만 다시 "마음이여, 나는 왜 돈이 없을까?"라고 물었고 마음은 "없다고 생각하니까 없어"라고 답합니다. "그럼 '나는 돈이 있다'라고 생각하면 돈이 많이 생길까?"라고 묻자 마음은 또다시 "없다고 생각하니까 없어"라고 대답했습니다.

"마음이여, 없다고 생각하니까 없다는 게 대체 무슨 말이야?"
"'없다'는 말이 현실이 되니까 돈이 정말 없어지는 거야. '돈이 없다'는 네 말버릇 때문에 정말 돈이 없어지는 거라고."

마음의 말대로 여자는 툭 하면 돈이 없다는 말을 했습니다. 여자는 그 이유를 알기 위해 마음에게 질문했습니다.

"마음이여, 왜 '돈이 없어'라는 말이 입버릇이 됐을까?"

"괜히 질투받아서 고생하는 게 싫으니까. '없다'고 말해서 일부러 초라한 척하는 거지."

"마음이여, 그럼 내가 다른 사람들이 나를 질투할까 봐 두려워한다는 거야?"

"그것도 그렇지만 가장 큰 것은 어머니의 질투야."

마음의 말을 들은 여자는 어린 시절의 기억이 떠올랐습니다. 여자는 어릴 때부터 주변 사람들에게 외모에 관한 칭찬을 많이 받았습니다. 그런데 어머니와 둘이 있을 때 그런 칭찬을 들으면 어머니의 표정이 바로 굳어진 걸 보고, 여자는 '어머니가 나한테 화내고 있다'고 느꼈던 겁니다.

자신이 주변 사람들의 칭찬을 받으면 어머니의 심기가 불편해진다고 생각했고 여자는 그게 두려워서 적극적으로 행동할 수 없게 됐습니다. 그래서 점점 어두운 표정만 짓고 다녔는데, 그러다 또래 아이들에게 괴롭힘을 당하기도 했습니다. 그런데 놀랍게도 딸이 괴롭힘당하는 걸 본 어머니는 어쩐지 기쁜 표정을 짓고 있던 것 같았습니다.

"그 이후로 어머니보다 예뻐지면 안 된다고 생각한 거구나…."

· 돈은 쌓이는 게 아니라 태어나는 것이다 ·

어린 시절의 기억을 떠올린 여자의 눈에서 굵은 눈물방울이 떨어졌습니다. 동시에 어머니를 언짢게 하지 않기 위해서는 어머니보다 돈을 많이 벌어도 안 된다고 생각해서 "돈이 없다"는 말버릇이 생겼다는 것도 알아차렸습니다.

지금도 가난한 생활을 하는 어머니보다 돈을 더 많이 벌면 분명 시샘을 받을 것이라고 생각했습니다. 그게 무서워서 항상 돈이 없다고 말하며 정말로 돈이 없는 상황을 만들어 내고 있었던 거죠. 여자는 다시 마음에게 물었습니다.

"그동안 어머니의 질투를 두려워했다는 건 알겠어. 그럼 이제부터는 어쩌면 좋을까?"

"어머니의 질투를 알아차리기만 해도 괜찮아. 이제부터는 '돈이 없어도 괜찮지만, 있어도 괜찮아'라고 말버릇을 바꾸도록 해."

말버릇이 너무 긴 거 아닌가 싶었지만 여자는 "마음이여, 그럼 언제 그런 말을 하면 될까?"라고 질문했습니다. 그러자 마음은 "돈 때문에 불안감을 느끼면 그렇게 말해 봐"라고 가르쳐 줬습니다. 마침 저금을 할 수 없어서 난감하던 여자는 그 문제에 대해 마음에 대고 물어봤습니다.

"마음이여, 이걸 되뇌기만 하면 돈이 쌓일까?"
"돈은 쌓이는 게 아니라 태어나는 거야."

그게 무슨 뜻인지 알 수 없었지만 일단 마음이 시키는 대로 되뇌어 보기로 합니다. 3개월이 지난 어느 날, 여자는 저에게 굉장한 일이 일어났다며 기쁜 목소리로 소식을 전했습니다. 통장을 보니 어느새 무려 20만 엔(약 220만 원)이나 저축돼 있었던 겁니다. 그 이후에 다시 통장을 보니 90만 엔(약 990만 원)까지 늘어나 있었습니다.

여자는 '언제 이렇게 결혼 자금이 쌓였지…?' 하고 농담 섞인 생각을 했고, 그러다 보니 정말로 결혼하고 싶은 남자를 만났다고 합니다. 저는 그 빠른 전개에 당황하면서도 "마음이 '돈은 태어나는 것'이라고 했는데, 어찜 그렇게 빨리 태어난 걸까요?"라고 묻자 여자는 활짝 웃으며 답했습니다.

"지금까지 어머니에게 생활비를 좀 보냈는데, 어차피 조카들한테 다 줘 버리니까 이제 그만 보내기로 했거든요. 그리고 그 돈이 이렇게 나 쌓였어요."

이처럼 '돈이 없다'는 리미터의 배경에는 '돈이 없는 나 자신으로 있을 때가 더 낫다'는 이유가 숨어 있습니다. 이 사례처럼 어머니의 질투를 피하려고 자신을 일부러 비참한 상황으로 내모는 예도 있지만, 돈에 대해 좋지 않은 이미지가 있어서 일부러 돈이 없는 자신을 만드는 경우도 있습니다.

만약 돈이 궁하다면 일단 자신의 무의식에 '돈이 없는 자신'을 자리하게 만든 이유를 찾아보세요. 그 강박에서 벗어나면 항상 돈이 없다고 느끼는 상태에서 벗어날 수 있습니다.

변화를 만드는 1%의 마법

○ 스스로 만들어 낸 '돈이 없는 나 자신'과 이별하세요

스트레스가 낳은
소비의 버릇

↓

학창 시절에 저는 장학금과 부모님에게 받는 용돈, 그리고 아르바이트로 번 돈으로 생활했습니다. 사치를 부릴 수 있었던 건 아니지만 '필요한 돈은 부모님께 받아 쓰면 되지' 하는 생각에 갖고 싶은 물건을 큰 고민 없이 사곤 했습니다. 그러다 다음 달 생활비가 부족해지면 아르바이트를 해서 돈을 충당했습니다.

거기서 그만두면 좋았을 것을, '어차피 아르바이트도 하니까 괜찮겠지' 싶어서 쇼핑을 즐기다가 결국 카드 빚을 지는 일이 반복됐습니다. 저는 졸업 후 사회인이 되자 전보다 더 심하게 신용 카드를 사용했습니다. 갚아야 할 돈이 늘어났지만 도저히 쇼핑을 그만둘 수가 없었어요. 돈이 없는데도 남에게 선물을 사 주고 식사비를 전부 계산하곤 해서 빚이 점점 늘어났습니다.

'이 돈을 다 못 갚으면 어쩌지?'

문득문득 이렇게 불안하면서도 쓸데없는 소비를 멈출 수 없습니다. 저는 대체 어떻게 하면 좋을까요?

· 불공평한 세상에 대한 마음이 낳는 '빚지는 버릇' ·

빚을 지면서도 쓸데없는 소비를 멈추지 못하는 여자는 마음에게 이렇게 물었습니다.

"마음이여, 난 왜 빚을 지면서까지 돈을 쓰는 걸까?"
"너는 빚이 없다고 생각하잖아. '나는 이렇게 고생하니까 돈을 써도 괜찮아'라고 생각하니까 그렇지."

여자는 그 말을 듣고 깜짝 놀랐습니다. 여자는 다소 살이 찐 편이고 용모도 그리 뛰어난 편은 아니었는데, 주변 사람들이 자신을 깔보고 전철에 타도 차가운 시선을 받는 등 늘 타인에게 냉대를 받는 기분을 느꼈다고 합니다.

여자는 어디를 가도 평범한 사람 이상으로 신경을 쓰지 않으면 불쾌한 대우를 받았습니다. 그래서 '세상이 이렇게나 불공평한데 내가 이렇게 돈을 빌려서라도 소비하는 게 당연하지'라는 생각을 해 왔던 겁니다.

즉 '다른 사람들에게 차별받지 않으려면 인정을 받아야 한다'고 어깨에 힘을 잔뜩 주는 바람에 스트레스가 쌓이고, 그게 쓸데없는 낭비벽을 부추겼다는 뜻이었죠. 여자는 마음에게 물어봤습니다.

"마음이여, 그럼 나는 이제 어떻게 하면 좋을까?"
"모두와 사이좋게 지내 봐."

마음은 여자에게 모두와 사이좋게 지내면 스트레스가 줄어 금전 감각도 변한다고 일러 줬습니다. 여자는 이제까지 아무리 노력해도 다른 사람과 똑같은 대우를 받은 적이 없었는데 어떻게 당장 친구를 만들 수 있냐며 짜증을 냈습니다. 그 점을 마음에게 물으니 마음은 이렇게 대답했습니다.

"인간관계로 불쾌함을 느꼈다면 '모두와 똑같다'고 되뇌어 봐."

여자는 과연 그런 간단한 일로 변할지 의심스러웠지만 일단 시키는 대로 해 보기로 했습니다.

• 나만 애쓴다는 강박 대신 '모두와 똑같다'는 생각 •

이후 여자는 일할 때 '왜 나만 이렇게 힘들지?'라고 푸념하고 싶어지면 '모두와 똑같다'고 되뇌었습니다. 그러자 '왜 나만 이렇게 업무 속도를 올리고 있는 거지?'라는 생각이 들며 정신을 차리게 됐다고 합니다. 다른 사람보다 열심히 일하는데 똑같은 월급을 받는 것에 불만도 있었지만 냉정하게 따져 보면 '모두 같은 월급을 받으니까 다른 사람과 비슷한 수준으로 일하면 되잖아?'라고 생각하게 됐습니다.

여자는 힝싱 늦게까지 일하면서 외식이 잦았습니다. 여자의 외식은 '이렇게나 열심히 일하니까 비싼 걸 먹어도 괜찮지'라는 생각 때문에 발생했고 거리낌 없이 신용 카드를 긁었습니다.

그렇지만 '모두와 똑같다'고 되뇌고부터는 퇴근 후 조촐한 밥상에도 만족할 수 있게 됐습니다. 또한 예전에는 퇴근하고 집에 돌아오면 목욕도 안 하고 텔레비전만 보다가 바로 잠들기 일쑤었는데 이제는 빨리 목욕하고 일찍 잠들게 됐습니다.

여자는 아침에 일어나 '모두와 똑같다'고 되뇌고 아침을 먹은 후에 신문까지 읽는 자기 자신을 보고 깜짝 놀랐다고 합니다. 그런 생활을 이어 가니 일 때문에 피곤하다고 푸념하는 일도 줄어들고 퇴근 후에도 머릿속이 지치지 않고 잘 돌아갔습니다. 그러자 냉정하게 빚을 얼마나 졌는지, 금리는 몇 %인지 계산하게 됐고 상환 계획도 생각해 볼수 있었습니다.

이제까지 '다음 달 청구서는 생각도 하고 싶지 않아!' 하고 피하기만했지만 '모두와 똑같다'라고 되뇌는 사이에 점점 '나도 할 수 있을 것같다'는 생각이 들었고, 이제는 계산기를 들고 변제 계획까지 차분히짤 수 있게 됐습니다. 여자는 '모두와 똑같다'라고 되뇌면서 쓸데없는낭비를 멈추지 못했던 이유가 '열심히 일해도 월급이 오르지 않는 것에 대한 스트레스' 때문이라는 것도 알아차리게 됐습니다.

이제는 돈 쓰는 일보다 운동에 취미를 붙여서 마른 체형이었을 때입었던 옷을 다시 입을 수 있게 됐습니다. 옷장을 가득 채운 옷들도처분하고 사용하지 않은 가전제품도 모두 정리했습니다. 점점 방도정리하면서 쓸데없는 낭비도 하지 않게 되자 빚도 눈에 띄게 줄어들었습니다.

저는 제 눈앞에 앉은 여자의 표정이 점점 개운해지고 외모도 세련되게 변해 가는 것을 보면서 마음이 가르쳐 준 '모두와 똑같다'는 말이자신을 멋지게 만들어 주는 주문이었다는 것을 깨달았습니다.

이런 식으로 '특별해져서 모두에게 인정받는 존재가 돼야 한다'는생각이 나를 괴롭게 할 때가 많습니다. 사람에게는 위도, 아래도 없습니다. 그렇기 때문에 '모두와 똑같다'는 생각이 필요할 때도 있습니다. 만사에 힘을 잔뜩 주는 사람이라면 '모두와 똑같다'는 주문을 외워 어깨의 힘을 빼는 것도 좋습니다.

변화를 만드는 1%의 마법

○ 세상이 불공평하다고 느껴지면 '모두와 똑같다'고 되뇌어 평범한 삶으로 돌아가 봅시다.

돈에 대해
고민하는 것이 귀찮다

↓

"빨리 돈을 모아서 회사를 그만두고 싶다."

저는 빨리 돈을 모아서 회사를 그만두고 싶다는 마음이 있지만 아무리 애를 써도 돈을 저축할 수가 없습니다. 조금이라도 돈을 모아야 한다는 건 알아요. 하지만 돈에 대해 고민하는 것 자체가 귀찮아서 통장 잔액을 확인조차 안 하게 됩니다. 가끔 은행에서 돈을 찾아야 할 일이 생겨서 흘끗 잔액을 보면 이런 절망감에 사로잡힙니다.

'돈이 전혀 모이지 않는구나….'

이런 일이 반복되면서 앞으로도 계속 회사에서 일해야 하는 걸까? 하는 생각이 들고 괴로움만 쌓일 뿐입니다.

· 당신이 저축하지 못하는 진짜 이유 ·

저금하고 싶은 마음은 있는데 저금할 수 없다는 남자의 고민을 듣고 마음에게 "왜 돈이 모이지 않을까?"라는 질문을 하도록 했습니다.

"마음이여, 어떻게 하면 저축할 수 있게 될까?"
"돈이 모이지 않는다고 생각하니까 저축을 못 하는 거야."
"마음이여, 나는 왜 돈을 못 모으는 건지 묻는 건데?"
"돈이 모이지 않는다'는 암시가 현실을 만들어 내기 때문이야!"

마음은 그렇게 가르쳐 줬습니다. 남자는 다시 마음에게 물었습니다.

"마음이여, 누가 그 암시를 걸었는데?"
"그건 알 필요 없어."
"마음이여, 그럼 난 어쩌면 좋을까?"

그렇게 물었을 때였습니다. 남자의 눈앞에 새벽을 기다리는 조용하고 아름다운 호수의 정경이 펼쳐졌다고 합니다. 그리고 그 호수에 물 한 방울이 똑 떨어지면서 파문을 일으키는 순간 "모여 간다, 모여 간다"라는 마음의 소리가 머릿속에 반복해서 울렸습니다. 어느새 남자는 그 상상 속의 물에 잠겨 있었죠. 그리고 "모여 간다, 모여 간다"라는 말이 반복되면서 물이 점점 가슴께까지 차오르더니 이윽고 목까지 올라와 두려움을 느낄 지경이었습니다.

그래도 "모여 간다, 서서히 모여 간다"라는 목소리는 멈추지 않았습니다. 그리고 어느새 물의 위치가 자기 머리 위까지 차올랐을 때 '어? 그렇게 고통스럽지는 않은데?'라고 느끼는 신기한 체험을 했습니다. 그 후 남자는 머리 꼭대기까지 물에 잠겨도 괴롭지 않은 이 신기한 감각을 되새기면서 '모여 간다, 모여 간다'라고 되뇌게 됐습니다.

· 모이지 않는다는 결여감을 해결하라 ·

그 이후에도 머릿속에서 "모여 간다, 모여 간다"라는 말이 반복해서 울렸습니다. 그러던 어느 날, 남자는 아내로부터 "부모님의 유산을 받게 됐어"라는 말을 들었습니다. 금액을 들어 보니 상당한 거액이었습니다. 그런데 남자는 그 말을 듣자 놀라움, 기쁨도 없이 '돈이 들어오는 건 당연하다'는 감각만 느껴졌다고 합니다.

그리고 얼마 후, 이번에는 남자의 아버지한테서 '생전 증여' 이야기가 나왔습니다. 구체적인 액수는 못 들었지만 그 말을 듣고서도 '돈이 들어오는 건 당연하다'는 감각뿐이었습니다. 기쁘지도, 딱히 감사한 마음이 들지도 않았다죠.

게다가 '모여 간다, 모여 간다'라고 되뇌고 있자니 새카맣게 잊고 있던 정기 예금 만료 통지가 날아왔다고 합니다. 제법 넉넉히 모인 목돈이었지만 이때도 '돈이 들어오는 건 당연하다'는 감각만 유지한 채 별다른 감동이 없었습니다.

남자가 '모여 간다, 모여 간다'라고 되뇌자 돈에 대한 충족감이 생기고 실제로 돈도 들어왔습니다. 그렇지만 감정은 크게 움직이지 않았습니다. '돈이 들어오는 건 당연하다'고 생각하며 통장을 확인하니 머리끝까지 충족되는 느낌이 들었다고 합니다. 남자는 마음에게 이렇게 질문했습니다.

"마음이여, 왜 이렇게 돈이 잘 들어오게 된 걸까?"
"충족감에 쌓인 상태가 지속되니까."
"그럼 충족감만 유지하면 누구라도 돈을 모을 수 있을까?"
"그래, 충족감이 유지된다면 말이지. 다만 사람은 돈을 손에 쥐면 일희일비하니까 흐름이 막히기 쉬워."

마음은 그렇게 알려 줬습니다. 즉 돈을 얻고 기뻐하다가도 '이 돈은 언젠가 사라질 거야. 그러면 어쩌지…'라는 불안감에 사로잡히면서 충족감이 사라지고, 돈의 흐름도 막혀 버린다는 뜻이었습니다. 남자는 '모여 간다, 모여 간다'라고 되뇜으로써 머리끝까지 가득 차오르는 충족감을 맛보게 됐고, 그 감각이 계속 이어진 덕분에 수중에 돈이 들어와도 담담함을 유지할 수 있었습니다.

남자는 지금도 '모여 간다, 모여 간다'라고 되뇌면서 일을 그만두지 않고 있습니다. 왜 일을 그만두지 않느냐고 물어보니 "더욱 돈이 모이니까요"라며 활짝 웃었습니다. 충족감을 유지하며 직장을 다니니 일을 진심으로 즐길 수 있어서 돈을 더 잘 모을 수 있었던 겁니다.

'돈이 없다', '돈이 좀처럼 모이지 않는다'는 고민의 원인은 결여된 충족감 때문이라고 할 수 있습니다. 충족되는 감각에 대한 감을 잡으면 어느 곳에서라도 돈이 술술 들어오게 될 겁니다.

변화를 만드는 1%의 마법
○ '돈이 쌓이는 충족감'을 기억하세요.

3장

/

"가족" 문제로
힘들고 싶지 않은
당신에게

자꾸만 어머니를
원망하게 된다

일하는 중에도, 휴일에 쇼핑을 할 때도 과거에 어머니가 한 불쾌한 말과 행동이 떠올라 자꾸 화가 치밉니다. 이러다 일하면서 실수하는 건 아닐까 걱정도 되고 불안해지면서 업무에 집중하기 어려워져요. 그럴 땐 저를 이렇게 만든 어머니에 대한 분노가 더욱 강해집니다. 그걸 어머니에게 따지면 이런 대답이 돌아옵니다.

"그런 옛날 일을 아직도…. 언제까지 그런 투정이나 부릴래?"

제 말을 들어 주기는커녕 조금도 제 심정을 이해해 주지 않는 그 태도가 저를 더욱 답답하게 만들어요. 그래서 어머니한테 고함을 질렀다가 나중에 후회하고 맙니다. 저는 어떻게 하면 좋을까요?

· 당신은 아직 어머니의 배 속에 있다 ·

여자는 어머니와 함께 살고 있습니다. 지금까지 독립하려고 몇 번이나 노력했지만, 그렇게 하려고만 하면 왜인지 여자의 몸 상태가 안 좋아졌습니다. 어머니를 홀로 두고 떠날 수 없다는 강박에서 벗어나지 못했던 거죠. 그래서 마음에게 "마음이여, 난 어떻게 하면 어머니한테서 벗어날 수 있을까?"라고 물었습니다. 그러자 마음은 여자에게 한 재미있는 사실을 가르쳐 줬습니다.

"너는 아직 어머니의 배 속에 있어. 네 어머니의 배 속은 답답하니까 네가 괴로워하는 거고."

여자는 그런 마음의 말에 어쩐지 수긍하고 말았습니다. 그는 어머니와 같이 있으면 진득거리고 거추장스러운 감각이 느껴져서 자신이 더 비참하고 조금도 성장한 느낌이 들지 않는다고 말했습니다. 그래서 여자는 또다시 마음에게 물었습니다.

"마음이여, 왜 나는 아직도 어머니의 배 속에 있는 걸까?"

"어머니가 널 소중히 키우고 싶어 하니까."

"마음이여, 어머니는 왜 날 소중히 키우고 싶어 하는 건데?"

"어머니의 배 속이 제일 안전하다고 생각하니까."

"마음이여, 왜 안전하게 키우고 싶어 하는 걸까?"

"오직 당신만이 너를 지킬 수 있다고 생각하니까."

• 알 수 없는 '괴로움'부터 인식하자 •

이제껏 어머니에게 불쾌한 소리만 듣고 산 여자가 "그런 방식이 소중히 키우고 싶어 하는 거라고?" 하고 중얼거리자 마음은 이렇게 대답했습니다.

"네가 아직 어머니의 배 속에 있으니까 어머니가 스스로에게 타박을 주는 것처럼 너한테도 타박을 주는 거야."

"마음이여, 그래서 내가 나를 잘 칭찬하지 못했던 거니?"

"맞아!"

여자는 이제야 수긍하면서 동시에 어머니한테서 멀어지는 것을 매우 아쉽게 생각하는 자신이 있다는 사실도 깨달았습니다.

"마음이여, 나는 어떻게 하면 좋을까?"
"어머니의 태내에서 나와 봐."
"마음이여, 그러니까 그걸 어떻게 하면 되는데?"

그런데 아무리 기다려도 마음에게서 대답이 돌아오지 않았습니다. 여자가 점점 답답함을 느끼면서 '왜 이렇게 가슴이 아프고 답답하지?' 라고 생각한 순간, 마음은 "어머니의 배 속에 갇혀 있으니까"라고 대답했습니다.

여자는 자신이 갇혀 있다는 답답함을 느꼈기 때문에 필사적으로 어머니의 태내에서 나오고 싶어 한다고 말한 마음의 의도를 깨달았습니다. 그러자 그런 괴로움을 느끼지 않는다면 어머니의 배 속에서 나가려는 생각도 하지 않았을 거라는 점도 깨달았습니다.

변화를 만드는 1%의 마법
○ 누구나 가족에 대한 불편한 마음을 갖고 있습니다. 중요한 것은 그 불편함이 어디서 시작됐는지 알아차리는 일입니다.

부모로부터
독립한다는 것의 의미

· 자신의 감각으로 살아간다는 것은? ·

그 이후, 여자는 집에만 돌아가면 답답함을 느꼈습니다. 심지어 숨도 잘 쉬어지지 않아서 산소 결핍까지 겪는 상태였죠. 여자는 마음이 도저히 진정되지 않아서 뭔가를 자꾸 먹었습니다. 그 순간 여자는 왜 자신에게 먹는 버릇이 생겼는지 알게 됐습니다. 먹어서 이 답답함을 조금이라도 해소해 보려고 했던 거죠. 또한 어머니한테 화를 내는 것도 어떻게든 이 답답함을 덜어내 보려고 했던 필사적인 행동이라는 사실을 깨달았습니다.

그 후 여자는 바로 부모님의 집에서 나왔습니다. 이제까지 뭐든 어머니와 상담하고 행동하던 일도 그만뒀습니다. 그동안 어머니와 상담을 하면 할수록 숨이 턱턱 막힌 이유는 바로 어머니의 태내에서 나갈 수 없다고 느꼈기 때문이었습니다.

일하는 중에도 답답함을 느끼면 '또 어머니 탓을 하면서 어머니의 배 속으로 돌아가려 하는구나'라며 어머니에 대한 생각을 의식적으로 차단하려 애썼습니다. 여자는 그런 행동을 반복하는 사이에 처음으로 스스로의 힘으로 걷고 있다는 느낌을 실감했다고 합니다.

또한 지금까지 쇼핑을 할 때도 '어머니가 이걸 보면 어떻게 생각할까? 또 쓸데없이 낭비했다고 혼나지 않을까?'라는 생각이 먼저 떠올라서 갖고 싶은 물건을 사도 즐겁지 않았습니다. 그런데 어머니의 태내에서 벗어나자 쇼핑을 즐길 수 있게 됐습니다. 내가 좋아하는 옷을 사 입고 바깥을 다니는 게 얼마나 기분 좋은 일인지를 이제야 깨달았다면서 말이죠.

그래도 가끔은 '어머니가 이걸 보면 어떻게 생각할까?' 하고 고민할 때가 있다고 합니다. 그럴 때 여자는 일부러 답답함을 느낍니다. 그러면 '어머니의 배 속에서 나가야지'라고 생각하면서 자기 자신의 발로 단단히 땅을 디디는 느낌을 받는다고 합니다. 여자는 이렇게 덧붙였습니다.

"이제 더는 어머니의 태내에서 둥둥 떠다니기만 하는 상태로는 돌아가고 싶지 않아요. 이제는 저의 발로 제대로 걷고 싶어졌어요."

• 진정한 자유와 함께 찾아온 일의 즐거움 •

어머니로부터 독립하자 여자의 일하는 방식도 변했습니다. 전에 어느 동물 병원에서 일할 때, 직장 동료가 부탁한 추가 업무를 거절하지 못하고 전부 짊어지는 바람에 건강이 나빠질 때가 많았습니다. 여자는 그때의 괴로운 경험 때문에 한 장소에서 오래 일하지 못하고 아르바이트의 형태로 여러 동물 병원을 전전하는 생활을 했습니다.

그런데 어머니의 태내에서 나오자 '나 스스로 일해 보고 싶다'는 욕구가 강해졌습니다. 그래서 큰맘 먹고 독립해 개인 동물 병원을 개업했습니다. 여자는 예전처럼 정신없이 바쁘게 일하지 않기로 했습니다. '직접 즐거운 일을 해 보자', '내가 감당하기 힘든 일은 아는 사람에게 소개해서 분담하자'며 어깨에 힘을 뺐습니다. 그랬더니 일이 훨씬 잘 풀리는 걸 보고 자신도 깜짝 놀랐다고 합니다.

어머니의 태내에 있을 때만 해도 '부탁을 거절하면 미안하다', '어떻게든 도와주지 않으면 상대방에게 실례다' 등의 목소리가 머릿속에

왕왕 울렸지만 독립 후 자유를 얻자 마침내 '그건 어머니의 배 속에 있었기 때문에 어머니가 나한테 주의를 준 것뿐이었다'는 사실을 깨달았습니다. 이런 식으로 자유롭게 일을 하게 돼도 손님은 줄어들지 않았습니다. 오히려 점점 일거리가 늘어서 일은 물론이고 삶이 더 즐거워졌다고 합니다.

그 후 오랜만에 다시 만난 여자는 아주 멋지게 변해 있었습니다. 전보다 안색도 훨씬 좋아져서 놀랐던 기억이 납니다. 게다가 저를 보자마자 "선생님은 어머니의 배 밖으로 나오셨나요?"라고 묻길래 저는 내심 흠칫했습니다. 여자는 살짝 짓궂은 표정을 짓더니 이런 농담까지 건넸습니다.

"선생님도 어머니의 배에서 나오면 편해질 거예요. 전 동물 출산에도 익숙하니까 제가 꺼내 드릴까요?"

저는 한층 여유로워진 여자 내담자에게 "요즘 수의사 선생님은 무섭군요!"라고 말하며 함께 깔깔 웃었습니다.

우리는 모두 이 세상에 태어날 때 물리적으로는 어머니의 배 속에서 빠져나오지만 정신적으로는 여전히 어머니의 배 속에 자리하고 있습니다. 그 상태에서 어떻게 어머니와 구분된 '나'를 만들어 가야 할지 생각하고, 비로소 자유로워지면 처음으로 진정한 나 자신으로 살아갈 수 있게 됩니다.

변화를 만드는 1%의 마법

○ 우리의 몸은 세상에 태어날 때 어머니의 배 속에서 빠져나왔습니다. 이제는 정신과 마음을 분리해야 할 차례입니다.

아버지처럼 살기 싫어서
죽기 살기로 노력한다

|

"어머니를 힘들게만 하는 아버지처럼 되고 싶지 않아!"

저는 어릴 때부터 아버지처럼 되고 싶지 않다고 생각하면서 살아왔습니다. 그런 마음이 저를 열심히 공부해서 좋은 기업에 취직하도록 만들었습니다. 그러던 어느 날, 문득 '나는 이제까지 뭘 했던 거지?'라는 생각과 함께 불안감이 느껴졌습니다.

아버지처럼 살고 싶지 않아서 그를 반면교사 삼아 최선을 다했는데 이제는 아침에 출근하기도 너무 귀찮습니다. 머릿속에 게으른 아버지가 떠오르면서 '이대로 있다가는 아버지처럼 된다'는 생각이 들었지만, 더는 예전처럼 아버지에 대한 반발심을 원동력으로 삼을 수 없게 돼 버렸습니다.

· 눈앞의 상대와 꼭 싸워야만 할까? ·

이제 일하기 힘들다는 고민을 들은 저는 그가 마음에게 이렇게 물어보도록 권했습니다.

"마음이여, 요즘 나는 왜 예전처럼 의욕도 안 생기고 움직이지 않게 된 걸까?"

"목표나 의욕은 원래 없어도 돼. 그건 그저 환상에 불과하니까. 그 환상에서 해방되면 담담하게 살아갈 수 있어."

"마음이여, 어떻게 하면 그 환상에서 벗어날 수 있을까?"

"아버지와 악수를 해 봐."

마음은 그렇게 말했습니다. 남자는 다소 의아한 표정을 지으며 "마음이여, 그건 아버지를 용서하거나 화해하라는 뜻이야?"라고 물었습니다. 그러자 마음은 "아니야, 악수에는 여러 가지 의미가 있어"라고 알려 준 뒤 바로 입을 닫아 버렸습니다.

남자는 한동안 마음이 준 과제를 처리하지 못하고 있었습니다. 일단 아버지를 좋아하지 않아서 좀처럼 악수할 생각이 들지 않았던 겁니다. 남자는 '굳이 아버지와 악수하지 않아도 스스로 해결할 수 있을 거야'라고 생각하며 아침에 일찍 일어나서 출근 준비를 했습니다. '아버지와 악수할 바에야'라고 생각하면 신기하게도 피곤한 몸을 바로 일으킬 수 있었습니다. 다소 귀찮긴 했지만 쉬지 않고 부지런히 출근할 수 있었다죠.

하지만 다소 억지로 밀고 나가는 느낌이 들어서 일상이 자유롭지 않게 느껴졌습니다. 일을 해도 자꾸만 남의 눈치가 보였고 상사나 손님들이 자신을 우유부단하다고 생각할 것 같았습니다. 그러다 실제로 업무 중에 결정을 몇 번이나 번복하면서 손님을 화나게 하는 일도 생겼습니다. "왜 그렇게 자신감이 없는가?"라는 상사의 빈축까지 사자, 남자는 이제 풀이 죽어서 '나한테 목표나 자신감이 없으니까 이런 일이 생긴 거다'라며 자신을 탓하게 됐습니다.

• 악수 하나로 변한 아버지와의 관계 •

그때 남자는 마음이 했던 말을 떠올렸습니다. '목표나 의욕은 어차피 환상에 불과하니까 거기서 해방되면 된다'는 말, 그리고 '아버지와 악수를 하면 그 환상에서 벗어날 수 있다'고 했던 말을요.

남자는 자신이 왜 그렇게 고집을 피우고 시도조차 하지 않았을까 후회하면서 퇴근 후에 아버지가 사는 본가로 향했습니다. 현관을 열고 거실로 가니 아버지가 깜짝 놀란 듯하면서도 기쁜 표정을 지으면서 "왜 왔니?"라고 남자에게 평소처럼 담담하게 물었습니다.

남자는 본가로 가는 전철 안에서 어떻게 하면 아버지와 악수하는 타이밍을 만들 수 있을지 계속 고민했습니다. 그렇지만 아버지를 본 순간 "아버지, 오랜만이에요!" 하고 활짝 웃으며 아버지한테 손을 내밀 수 있었다고 합니다. 그러자 아버지는 남자의 얼굴을 올려다보며 기쁘게 그 손을 잡았다죠.

늙은 아버지의 손을 잡았을 때 '자신은 이제까지 무엇과 그렇게 싸웠던가?' 하고 눈물이 나올 뻔했다고 합니다. 남자는 이때 처음으로 아버지와 자신이 대등하다는 느낌을 받고 '나는 나답게 살아가면 되는구나'라는 말이 머릿속에 떠올랐습니다.

· 이기고 지는 데 목매지 않아도 된다 ·

그 이후로 남자는 목표나 의욕에 대해 생각했습니다. 마음의 말대로 차분히 일을 진행하게 됐고, 혹시라도 망설여지면 웃으며 손님과 악수도 했습니다. 그 순간 아버지와 악수한 감각이 되살아나면서 '이 손님과 나는 대등하다', '나 혼자 다 끌어안을 필요는 없다'는 생각이 들었다고 합니다.

남자가 아버지와 악수하기 전까지는 씨름판에서 홀로 힘들고 외로운 싸움을 했습니다. 상대방에게 지지 않기 위해 애를 쓰며 고군분투하느라 지쳐 버렸던 겁니다. 그러나 아버지와 악수한 순간 내 안에 있던 씨름 상대가 사라지고 눈앞에 있는 사람과 제대로 대화할 수 있게 됐습니다. 게다가 눈앞에 있는 사람과 악수를 하고 일을 진행하면 신기하게도 일이 더 잘 진행돼, 여러 번 일정을 수정해야 하는 불필요한 실수도 줄어들었습니다.

남자는 일을 이렇게 즐겁게 진행할 수도 있다는 사실에 놀랐다고 합니다. 악수한 상대를 신뢰할 수 있게 되면서 서로 간에 신기한 힘이 생기고 이제까지 했던 것보다 더 까다롭고 복잡한 일도 쉽게 처리할 수 있게 된 겁니다.

자신의 경험을 알려 준 남자는 "악수에는 참 신기한 힘이 있어요. 선생님도 상담 환자와 악수를 해 보는 게 어떠세요?"라며 기쁘게 말했습니다. 천진한 표정으로 즐거워하는 남자의 미소가 참으로 멋져 보였습니다.

이렇게 아버지와의 관계가 악수 한 번으로 자유로워지는 경우도 있습니다. 이 사례처럼 '아버지처럼 되고 싶지 않다', '어머니처럼 살고 싶지 않다'는 반면교사의 마음에서 자신을 만들어 내는 사람이 많습니다. 그건 그들과 싸우고 있다는 뜻이기도 합니다. 만약 내 안에 그런 마음이 있다면 나는 무엇과 싸우는지 이해하고 싸울 필요가 없다는 경험을 함으로써 인생을 더욱 평화롭게 만들 수 있습니다.

변화를 만드는 1%의 마법

○ 자신이 대체 무엇과 싸우고 있는지, 과연 나에게 도움이 되는 마음인지를 생각해 봅시다.

남편의 외도를 알고도
이혼할 수가 없다

남편에게 말을 걸면 늘 냉랭한 대답만 돌아옵니다. 직장 이야기를 꺼내기라도 하면 남편이 굉장히 짜증스러운 표정을 지어서 제가 무슨 잘못이라도 한 것 같은 분위기로 변해 버려요. 신혼 때도 말이 잘 통하는 편은 아니었지만 최근에는 그게 더욱 심해졌습니다.

그러던 어느 날, 우연히 남편과 어떤 젊은 여자가 친근하게 손을 잡고 걸어가는 모습을 목격했습니다. 순간 망치로 머리를 얻어맞은 듯한 충격과 함께 남편이 저와 이혼하고 싶어서 항상 싸늘하게 대했다는 사실을 알게 됐습니다. 그제야 퍼즐 조각이 맞춰진 것처럼 그간 남편의 행동이 이해되기 시작했죠.

남편은 외도를 인정하지 않고 계속 시치미만 뗐습니다. 결국 증거 사진을 보여 주자 오히려 적반하장으로 화를 내며 집을 나가 버렸습니다.

"당신이 이런 짓을 하니까 내가 자꾸 다른 여자한테 눈이 가잖아!"

이 상황을 부모님께 털어놓지도 못하고, 친구한테 연락하니 "그냥 확 이 혼해"라는 말만 들었습니다. 하지만 앞으로 어떻게 혼자 살아야 할지도 모르겠고 이혼할 각오도 생기지 않습니다. 그렇다고 이렇게 맞지도 않는 남편과 계속 함께할 자신도 없어요. 전 어떻게 하면 좋을까요?

· 무의식에 숨은 불만이 현실로 나타나다 ·

남편과의 사이가 완전히 깨졌는데도 이혼을 결심할 수 없는 여자의 고민을 듣고 저는 마음에게 이렇게 질문해 보기를 권했습니다.

"마음이여, 이제부터 난 어쩌면 좋지?"

그러자 마음은 "아무것도 하지 마"라고 대답했습니다. 여자는 그 대답에 살짝 화가 나서 "마음이여, 그럼 달라지는 게 없는데?"라고 묻자 마음은 "무슨 변화를 줄 필요는 없어. 왜냐면 넌 처음부터 '남편 따위는 필요 없어'라고 생각하면서 이제까지 살아왔으니까"라고 대답하는 게 아니겠어요?

여자는 마음의 대답에 뜨끔했습니다. 사실 여자에게 결혼이란 주변 사람들이 다 하니까 했던 과업에 불과했습니다. 마치 결혼을 해서 '남편'이라는 액세서리를 얻은 것과 다르지 않았죠. 여자의 마음속에 남편에 대한 정은 진작에 떨어지고 없었습니다.

그런데도 왜 자신은 그런 남편을 위해 식사를 준비하고 빨래와 청소까지 도맡으면서 비위를 맞춰야 하는지 화가 났습니다. '이런 족쇄 같은 남편만 없었으면 더 자유롭게 살 수 있었을 텐데'라는 설움이 마음 한구석에 줄곧 자리했던 겁니다.

"마음이여, 그럼 나는 이혼하는 게 좋을까?"

"아무것도 하지 마. 남편이 필요 없다고 느끼는 건 여전히 변함없으니까. 그러면 이제 곧 재미있는 일이 일어날 거야."

마음의 대답을 들은 여자는 의아해하며 "마음이여, 하지만 내가 남편이라는 족쇄를 빨리 던져 버려야 더 자유롭게 살 수 있지 않을까?"라고 질문했습니다. 하지만 마음은 여전히 "아무것도 하지 말고 있어"라고 대답했습니다.

• 내가 진짜 원하는 마음에 충실하라 •

여자는 마음과의 대화로 '난 정말로 남편이 필요하지 않아'라는 사실을 깨닫고 나니 감정이 흔들리지 않고 생활할 수 있게 됐습니다. 그러나 가끔 남편의 외도만 떠올리면 화가 치밀었습니다. 여자는 그 감정을 마음에게 물어봤습니다.

"마음이여, 이건 내 분노일까?"
"아니야, 남편한테서 전해져 오는 거야."

그 말을 듣고 보니 여자는 '그럼 내 분노가 아니구나. 하긴 남편이 뭘 해도 난 별 관심이 없어'라고 생각하게 되면서 마음이 잔잔해졌다고 합니다. 남편은 가끔 집에 돌아오면 일부러 여자를 무시하고 외도 상대의 존재를 드러내며 여자를 동요시키려고 했습니다.

여자는 그럴 때마다 '이 사람한테 확실히 말해 주고 싶어'라며 분노에 사로잡혔습니다. 그럴 때 "마음이여, 남편한테 그런 말을 해도 될까?"라고 물으면 "아무것도 하지 마"라는 대답이 들렸습니다. 여자는 마음의 목소리를 따라 그 상황을 묵묵히 넘길 수 있게 됐습니다.

남편은 여자를 자극하려는 작전이 실패하자 결국 "별거해서 혼자 살고 싶은데…"라는 말을 꺼냈습니다. 남편의 이야기를 들은 여자는 "마음이여, 남편이 별거하자고 하는데 어쩌면 좋을까?"라고 물었고, 마음은 "확실하게 이혼으로 마무리 짓고 제대로 된 위자료를 받도록 해!"라고 답했습니다.

여자가 그렇게 말하자 남편은 "역시 그렇게 나오는구나…" 하고 슬픈 표정을 지으며 그 자리를 떠났다고 합니다. 그 후 남편은 아는 변호사에게 상담을 받았는지 이혼 위자료의 시세의 배가 되는 가격을 서면으로 제시했습니다. "이걸로 이혼 서류에 도장을 찍으면 좋겠는데"라고 말하며 여자와 눈도 맞추지 않았습니다.

여자는 '이 사람은 나랑 다시 시작할 마음조차 없네. 난 그 정도 가치밖에 없구나'라는 생각에 화가 치밀었습니다. 여자는 눈앞에 있는 서류를 마구 찢어발겨 남편에게 내던지고 싶은 충동을 참고 마음에게 물었습니다.

"마음이여, 나는 뭘 원하고 있지?"
"제시된 금액의 다섯 배를 원하고 있지."
"그건 너무 무리한 요구 아닐까?"

마음은 "그건 네 생각이 아니야!"라고 대답해서 여자는 저도 모르게 웃음을 터뜨릴 뻔했답니다.

"마음이여, 지금 이 자리에서 그걸 남편에게 말하면 될까?"

"지금 말고 변호사를 통해서 통지할 테니까 기다리라고 전해."

여자는 마음을 진정시키며 마음의 대답을 남자에게 전했습니다.

변화를 만드는 1%의 마법

○ 당신이 정말로 원하는 선택이 무엇인지 깨달아야 합니다.

상대방에게 나의 가치를
깨닫게 하라

↓

· 나의 가치는 내가 정해야 한다 ·

다음 날 여자는 소개받은 변호사에게 남편이 전달한 서류를 보여 줬습니다. 그러자 변호사는 "이건 평범한 이혼이라면 아주 충분한 금액입니다. 그렇지만 부인께서는 어떻게 하고 싶으십니까?"라고 물었죠. 여자가 "마음이여, 난 어떻게 하면 될까?"라고 묻자 마음은 "제시한 금액의 다섯 배를 요구해"라고 말했습니다. 그 말을 들었을 때 여자는 살짝 남편이 불쌍해져서 "마음이여, 정말 그래도 되니?"라고 재차 물었습니다. 마음은 "불쌍하다'는 생각 자체가 환상이야"라고 답했습니다.

여자가 변호사에게 "이 금액의 다섯 배를 청구해 주세요"라고 전하자 그는 "지금까지 맡아 본 이혼 소송 중에 그런 금액을 요구한 적은 처음입니다"라고 조금 거북해하는 태도를 보였습니다.

변호사의 태도를 본 여자는 '나는 그 정도의 금액을 청구해도 괜찮다!'는 생각이 들어 "다섯 배 금액으로 부탁드립니다"라고 전한 뒤 남은 일은 변호사에게 맡기겠다고 했습니다. 얼마 후 잔뜩 흥분한 변호사로부터 전화가 왔습니다. "남편 분이 세 배로 하면 안 되겠냐고 하시는데요"라는 보고였습니다. 그 쪼잔한 남편이 그 정도의 돈을 내겠다는 것도 놀라웠지만 여자는 냉정하게 마음에게 물어봤습니다.

"마음이여, 세 배만 받아도 괜찮을까?"
"네 배나 다섯 배로 부탁해."
"어? 그래도 올리라고?"
"당연하지!"

여자는 마음의 말을 따라 변호사에게 뜻을 전했습니다. 변호사는 냉정하게 금액만 제시하는 여자의 태도에 어처구니없어 하면서도 "상대방 변호사에게 그렇게 전하겠습니다"라며 전화를 끊었습니다. 그때 여자는 '남편이 나를 가치 없게 여긴다'거나 '지금까지의 인생이 물거품이 됐다'는 생각 대신 '이제 얼마를 제시할까?' 하는 기대감에 가슴이 두근거렸다고 합니다.

얼마 뒤 변호사가 기쁜 목소리로 "남편 분이 다섯 배를 내겠다고 하네요"라고 보고했습니다. "마음이여, 그러면 되니?"라고 물으니 마음은 "어차피 처음부터 이 숫자였는데, 뭘"이라며 영문을 알 수 없는 말을 했습니다. 마음에게 그게 무슨 뜻이냐고 묻자 "남편이 너한테 당연히 치러야 할 금액 말이야"라는 대답이 돌아왔고 여자는 수긍했다고 합니다.

· 중요한 것은 바로 '나' ·

동시에 남편의 외도 사실이나 여성으로서 자신의 가치 따위는 더 이상 신경 쓰지 않게 됐습니다. 여자는 변호사에게 "그럼 그렇게 진행해 주세요"라고 시원하게 요청하는 자신의 모습에 또 한 번 놀라지 않을 수 없었습니다. 예전 같았으면 분통을 터뜨릴 일인데, 그런 불쾌한 감정은 전혀 없이 '앞으로 어디서 살까?' 생각하면서 오히려 즐거워졌다고 합니다.

마음은 자신의 정당한 가치를 확실하게 제시하고 앞으로도 자신감 있게 살아가는 감각을 가르쳐 준 겁니다. 여자는 시원한 표정을 지으며 말했습니다.

"내 가치를 낮추는 사람과 이별하니까 진짜 나답게 살 수 있게 된 것 같아요."

이혼하고 싶어도 좀처럼 이혼을 요구할 수 없는 여성 내담자들과의 상담은 자주 있는 일이지만 이번 사례는 저에게 큰 깨달음을 줬습니다. 상식적으로는 어렵게 느껴져도 자신의 가치를 정당히 제시한다면 이혼 절차도 부드럽게 잘 진행될 수 있다는 것을 말이죠. 그런 자신의 가치를 알려 주는 '마음'은 정말 굉장한 존재가 아닐까요?

변화를 만드는 1%의 마법
○ 나의 가치는 스스로 정할 수 있습니다. 마음이 알려 준 나의 적절한 가치를 상대방이 깨닫게 합시다.

4장

/

더 성숙한 "연애"를 하고 싶은 당신에게

평생 독신으로 살까 봐 걱정된다

↓

'애인 하나 없이 이대로 평생 혼자 살면 어쩌지.'

과거에 이성과 연애를 해 본 적은 있지만 마지막으로 헤어진 이후부터는 좀처럼 애인이 생기지 않고 있습니다. '이 사람 참 괜찮다'는 생각이 드는 남자도 있었습니다. 처음에는 분위기가 괜찮다가도 제가 '사귀고 싶다'는 생각만 하면 상대가 저에게서 멀어져 다른 사람에게로 떠나 버렸습니다.

그런 일을 겪고 나면 다른 남자한테도 눈을 돌려 봐야겠다고 생각은 합니다. 하지만 저를 떠나간 그 남자 이후로는 사귀고 싶은 사람을 만나지 못했습니다. 요즘은 이러다 정말 평생 혼자 살지도 모른다는 불안감만 느끼고 있습니다.

• 나의 연애관을 제대로 알아야 한다 •

애인이 생기지 않아서 상담을 받으러 온 여자. 그 진상을 알기 위해
마음에 대고 이렇게 물어보도록 권했습니다.

"마음이여, 나한테 애인이 생길 수 있을까?"
"생길 수 있어. 그런데 그 전에 네가 정말로 애인을 원하는 건지 잘
생각해 봐."

여자는 질문이 예리하다는 느낌을 받았습니다. 왜냐하면 지금은 일
도 바쁘고 이성과 사귈 시간도 없는 데다, 자신의 시간을 속박당하는
것도 싫었기 때문입니다. 그럼 왜 애인을 원했을까 생각해 보니 장래
의 금전 문제와 혼자 노년을 맞이하는 게 두려워서였습니다. 애인을
원하는 이유를 다시 생각하게 된 여자는 "애인보다는 안정감을 갖고
싶었던 것 같네요"라고 말하며 시무룩한 표정을 지었습니다.

"마음이여, 그럼 나는 어떻게 하면 좋을까?"
"그렇다면 아무나 붙들고 사귀면 되겠네."

여자는 그 말에 일리가 있다고 느꼈습니다. 자신과 똑같이 돈을 벌

고 함께 살아갈 누구라도 괜찮다면 바로 애인을 만들 수 있겠다는 생각이 들었습니다. "마음이여, 어디서 그런 사람을 만날 수 있을까?" 하고 묻자 "결혼하고 싶은 사람들이 모인 파티에 가면 되잖아. 근데 정말 그런 걸로 괜찮겠어?"라며 오히려 마음이 물었습니다.

그 순간 여자의 머릿속에는 백마 탄 왕자님의 이미지가 떠올랐습니다. 동시에 '아, 나는 어머니가 받아들일 만한 상대를 만나야 한다고 생각했구나'라는 점을 다시금 깨달았죠. 여자는 어머니에게 늘 이런 말을 들었습니다.

"집안 살림이 어려운데 너한테 들어가는 돈이 많다."

여자는 고생하는 어머니에게 인정받기 위해 열심히 공부해서 학비가 들지 않는 국립대에 진학했고 주변에서 인정할 만한 직장에서 일하고 있었습니다. 그럼에도 어머니는 여자의 노력에 만족하지 않았습니다. 그런 어머니를 보면서 '만약 결혼 상대로 평범한 남자를 데리고 오면 어머니가 매우 실망할 테니 괜찮고 멋진 사람이 아니면 소개할 수 없다'고 생각했습니다. 하지만 현실적으로 어려운 일이어서 좀처럼 애인을 만들 수 없었던 겁니다.

"마음이여, 어머니의 눈높이에서 남자를 고르니까 좀처럼 사귈 사람을 못 찾는 걸까?"

"맞아. 학교도, 직장도 이제까지 어머니의 기준에서 결정했지, 네가 정한 게 아니잖아? 어머니의 시선에서는 누구와 사귀어도 별 소용이 없으니까 지금까지 애인을 만들 수 없었던 거야."

마음의 말을 듣고 여자는 수긍했습니다. 미팅 자리에 나가도 늘 주눅이 들어 있었는데 그게 바로 어머니의 시선으로 남자를 봤기 때문이라는 사실을 깨달았기 때문입니다. 여자는 마음에게 "그럼 내 감각에 맞춰 애인을 만들려면 구체적으로 어떻게 하면 좋을까?" 하고 물었습니다. 그러자 "남자를 볼 때마다 '어머니, 잘 가요'라고 되뇌면 돼"라고 알려 줬습니다. 여자는 그 감각이 어떤 것인지 어렴풋이 느끼고는 바로 실행에 옮겼습니다.

· 간섭에서 벗어나는 마법의 말 '어머니, 잘 가요' ·

여자는 우선 결혼하고 싶은 사람들의 파티에 신청했습니다. 그리 내키지는 않았지만 '어머니, 잘 가요'를 되뇌고 보니 금세 '나랑 잘 어울리는 옷을 입고 가자'는 생각이 들면서 마음이 가벼워졌다고 합니다. 미팅 자리에 갈 때마다 "그렇게 화려한 옷을 입고 다니면 머리가 비어 보이잖아'라는 어머니의 말이 들리는 것 같아서 항상 수수한 옷을 입었지만 '어머니, 잘 가요'라고 되뇌자 더 이상 어머니가 신경 쓰이지 않게 됐습니다. 내가 원하는 옷을 입어도 된다는 기분을 느끼면서 쇼핑도 즐거워졌죠.

파티 당일, 긴장됐지만 여기서도 '어머니, 잘 가요'를 되뇌었습니다. 그러자 신기하게도 마음이 차분하게 가라앉았다고 합니다. 여자는 지금까지 어머니가 "자기가 남자를 찾으러 나가다니 경박하게…. 그런 식으로밖에 상대를 못 찾니?"라고 말하는 것 같은 기분을 자주 느꼈다고 했습니다. 하지만 이제 어머니의 눈이 닿지 않는 자유를 느끼기 시작한 거죠.

여자는 '어머니, 잘 가요'라고 되뇌다가 문득 어머니가 "너처럼 수수한 애는 아무도 상대 안 해 줄 거다"라고 했던 말이 떠올랐습니다. 그래도 다시 생각을 고쳐먹고 눈앞의 상대방을 보며 이야기를 나눌 수 있었습니다.

또 "남자 앞에서는 순진해야 한다"라는 어머니의 가치관도 더는 필요가 없어져서 함께 있는 남자와 마치 친구랑 있을 때처럼 편안하게 웃으며 파티를 즐겼다고 합니다. 파티가 끝나고 찾아온 고백 타임에 두 남자가 다가오자 여자는 깜짝 놀랐습니다. 지금까지 어떤 친목 모임에 가도 많은 관심을 받지 못했는데 이번에는 둘씩이나 호감을 보였다는 사실에 놀라며 '어머니, 잘 가요' 주문이 가진 힘에 새삼 감탄했습니다.

그 후 오랜만에 온 여자는 "결혼 날짜가 잡혔어요!"라며 결혼 상대와 함께 상담을 받으러 방문했습니다. 오히려 제가 "이런 곳까지 예비 신랑을 데리고 와도 괜찮겠어요?"라고 걱정하자 여자는 "뭐든 다 공유할 수 있는 사이가 아니면 결혼할 수 없잖아요!"라며 제가 수긍할 수밖에 없도록 말했습니다.

이 사례처럼 남자 친구를 원하는데도 만들 수 없어 고민하는 여자들의 마음속 깊은 곳에는 사실 아예 애인을 원하지 않거나, 어머니로부터 심어진 가치관이 짙게 남아 있는 경우가 자주 있습니다. 그럴 땐 꼭 당신의 마음에게 물어보세요. 그러면 마음이 당신에게 필요한 대답을 알려 줄 겁니다.

변화를 만드는 1%의 마법

○ 어머니의 가치관에서 해방됩시다.

상대에게 집착하게 되는
내가 싫다

직장 상사와 데이트를 하다가 서로의 호감을 확인하게 됐습니다. 그 이후 상대방의 행동이 너무 궁금했고 항상 '그 사람은 내 생각을 하긴 할까?'라는 불안감에 사로잡혔습니다. 다른 사람에게는 이 관계를 숨기고 있어서 태연하게 "○○ 씨는 누구 좋아하는 사람이라도 있나?" 하고 직장 동료에게 물어봤는데, "아, 그 사람? 총무과의 E 씨를 좋아하는 것 같던데"라는 대답을 듣고 충격을 받았습니다.

그때부터 SNS을 포함해서 그의 행동을 샅샅이 확인하게 됐습니다. 확인을 하면 할수록 그 둘이 사귀는 건 아닌지 의심이 짙어졌습니다. 상사가 무엇을 하는지 다 알고 있는데도 굳이 메시지를 보내서 지금 뭐 하냐며 떠보기도 하고 사실대로 말하지 않으면 매섭게 따지는 바람에 그는 더 이상 제 메시지를 읽고도 답을 하지 않습니다. 이대로 계속 그를 몰아세우면 분명 저에게서 도망갈 거라는 걸 저도 잘 알지만 자꾸만 드는 불안감에 사로잡혀서 이런 집착적인 행동을 멈출 수가 없습니다.

· 안도감을 주는 사랑을 느껴라 ·

"어떻게 하면 그의 마음을 돌릴 수 있을까요?"라고 심각한 표정으로 상담을 받으러 온 여자 내담자는 저와 함께 마음에 질문을 해 봤습니다. 그런데 여자는 곧바로 "마음이여, 그는 나를 좋아하니?"라며 본론부터 물었습니다. 그리고 마음은 "너를 사랑하고 있지"라고 대답해 줬습니다.

저는 깜짝 놀라 속으로 '아니, 벌써 본론부터 들어가도 되는 건가?' 하고 생각했습니다. 여자가 "마음이여, 그럼 왜 나를 돌아보지 않는 걸까?"라고 질문하자 마음은 "그건 네가 너무 필사적이니까. 네가 굳이 사랑을 증명할 필요는 없어"라고 답했습니다.

여자는 '자신을 생각해 주는 상대에게 굳이 사랑을 증명할 필요는 없겠구나' 하고 그 대답을 수긍했습니다. 자신이 필사적으로 매달린 게 잘못이라고 반성하며 다시 마음에게 질문했습니다.

"마음이여, 그래도 너무 불안해서 그의 행동을 확인하지 않을 수가 없는데…."

"너는 무조건적인 사랑을 모르니까 그렇게 되는 거야."

'무조건적인 사랑'이라는 말을 들은 여자는 '어머니한테 사랑을 받으며 컸다고 생각했는데, 그런 것과는 다른가?' 싶은 의문이 들어서 마음에게 물었습니다.

"마음이여, 그건 어머니의 사랑과는 다른 거니?"

"네가 생각하는 어머니의 사랑은 네가 착한 아이일 때 받는 사랑이니까 종류가 달라. 아무 행동을 하지 않아도, 네 어떤 모습이라도 사랑해 주는 게 바로 무조건적인 사랑이야."

"마음이여, 그럼 나는 어떻게 해야 무조건적인 사랑을 배울 수 있는 걸까?"

여자가 마음에게 질문한 순간, 불안이라는 커다란 파도가 계속해서 덮쳐 오는 이미지가 떠오릅니다. "무조건적인 사랑을 안다"라고 외치자 파도는 여자를 그냥 지나쳐 버렸던 겁니다. 곧 파도는 잔잔해지고 조용한 세계가 펼쳐지면서 여자는 안도감을 느꼈다고 합니다.

· 매달리는 것이 사랑이라는 착각 ·

여자는 남자의 SNS를 확인하고 싶은 욕구가 치솟을 때마다 '무조건적인 사랑을 안다'고 되뇌었습니다. 그러자 마음이 보여 준 파도 이미지처럼 그 충동이 자신을 스쳐 지나가는 것을 느꼈습니다. '그가 다른 여자와 사귀고 있는 게 아닐까?'라는 불안에 사로잡혀도 '무조건적인 사랑을 안다'고 되뇌면 그에게 메시지를 보내고 싶은 욕구가 잠잠해졌습니다.

내가 먼저 행동하지 않으면 상대방이 나에게서 멀어질까 봐 불안할 때도 '무조건적인 사랑을 안다'고 되뇌자 '나는 그가 나를 돌아봐 주길 바란 게 아니라 그에게서 버림받는 게 무서워서 매달렸던 걸지도 몰라'라는 깨달음을 얻을 수 있었습니다.

여자는 왜 그런 생각을 하게 됐나 곰곰이 따져 봤습니다. 여자는 어릴 때부터 어머니에게 버림받을지도 모른다는 불안을 자주 느꼈고 버림받지 않으려면 착하게 행동해야 한다며 필사적으로 어머니한테 매달렸습니다. 그러면서 '상대방한테 매달리는 것만이 사랑이라고 착각하게 됐구나!'라는 깨달음을 얻게 됐습니다.

그래서 상대방이 싫어할 수 있는 스토킹 같은 행위까지 서슴지 않으며 상대를 의심하는 문자 메시지를 보내게 된 겁니다. 여자는 좋아하는 사람한테 매달리는 것이 사랑이라고 느꼈던 게 전부 환상에 불과했다는 사실이 서서히 보이기 시작했습니다.

· 사람들은 있는 그대로의 자신에게 끌린다 ·

여자는 상사에게 불안감을 느낄 때마다 '무조건적인 사랑을 안다'고 되뇌었습니다. 그리고 곧 '그는 있는 그대로의 나를 사랑한다'고 생각하게 되자 그에 대한 마음이 식어 가는 걸 느꼈습니다. 그러자 여자는 조금 불안해졌습니다.

"마음이여, 앞으로 난 아무와도 사귈 수 없는 걸까?"
"껍데기뿐인 건 필요 없어!"

마음의 알 수 없는 대답에 여자는 '혹시 같이 있어도 나를 불안하게 만드는 남자는 필요 없다는 뜻인가?' 싶어 마음에게 확인했고, "그래, 맞아"라는 대답을 들었습니다. 여자가 호감을 가졌던 그 상사는 학벌도 좋고 어느 정도는 여자를 사랑해 줄지 모릅니다. 하지만 여자는 마음이 말한 '껍데기뿐인'의 의미를 알 수 있었습니다. 함께 있을 땐 언제나 여자가 더 신경을 써서 대화를 맞춰야 하는 느낌을 받았습니다. 이래서는 안도감을 느끼긴 힘들겠다는 생각이 들었죠.

"마음이여, 어떻게 하면 안도감을 느낄 남자를 만날 수 있을까?"
"'무조건적인 사랑을 안다'고 되뇌면 저절로 모여들게 돼 있어!"

마음이 시키는 대로 그 말을 되뇌자 여자는 친구들의 연애나 직장 문제에 대한 고민을 들어 주는 일이 많아졌습니다. 예전보다 훨씬 대화하기 편한 사람이 된 거죠.

"마음이여, 이런 식으로 되뇌면 남자도 모여들까?"
"물론이지!"

그때 여자의 가슴속에 어떤 남자의 모습이 떠올랐다고 합니다. 아직 본 적도, 만난 적도 없는 남자의 모습이 보인 순간 '무조건적인 사랑'의 느낌과 함께 신기하게도 안도감이 생겨났다고 합니다. 그 후 이 내담자를 만나지는 못했지만 아마 그가 굉장히 멋진 애인과 만날 날이 머지않을 것 같습니다.

상대의 행동이 신경 쓰여서 자꾸만 확인하려는 사람도 있지만, 그건 이 내담자처럼 버림받고 싶지 않다거나 미움받고 싶지 않다는 심리와 상대에게 매달리는 것만이 사랑이라고 착각하는 데서 비롯됐을지도 모릅니다.

변화를 만드는 1%의 마법

○ 매달리는 것은 사랑이 아닙니다. 상대의 행동이 궁금하고 신경 쓰일 때는 꼭 '무조건적인 사랑을 안다'고 되뇌어 봅시다.

아내와 헤어지지 않는
남자와의 불륜

↓

"곧 아내와 헤어질 거야. 너와 살고 싶어."

이 말을 들은 지도 벌써 7년이 지나고 말았네요. 저는 직장인 여성입니다. 기혼인 남자 상사의 아내 문제와 관련된 고민을 들어 주다가 불륜 관계가 됐습니다. 상사의 아내는 저보다 훨씬 나이도 많고 그 둘 사이에는 아이도 없습니다.

마음만 먹으면 언제든 이혼하고 저와 결혼할 수 있었을 텐데 '어느 정도 돈을 마련하지 않으면 이혼하기 힘들다', '지금은 시기가 좀 어렵다' 등등 갖은 핑계만 댑니다. 이 고민을 들은 제 친구는 저를 경멸 섞인 눈으로 바라보며 이렇게 말했습니다.

"불륜은 그만해. 계속 그렇게 살면 네 신세만 망치는 거야."

제가 그에게 "아내한테 아무 매력도 못 느낀다면 그냥 헤어지고 나랑 살면 되잖아"라고 말하면 "그렇게 단순한 문제가 아니야"라는 대답이 돌아옵니다. 덕분에 괴로움을 느끼는 건 제 몫이죠. 전 어쩌면 좋을까요?

• 당신은 그 상대를 진심으로 좋아하는가? •

불륜 관계로 괴로워졌을 때 마음은 어떤 대답을 해 줄까요? 저는 내담자에게 일단 두루뭉술하게 "마음이여, 지금 무슨 일이 일어나고 있니?"라고 묻도록 했습니다. 여자는 "축구장이 보인다"라고 말했습니다. 그곳에 상사의 아내로 보이는 사람이 공이 된 상사를 차면서 드리블하고 있다고 했죠.

여자는 공을 빼앗으려고 했지만 혹시라도 상사를 걷어찰까 봐 주저하느라 공을 빼앗을 수 없었습니다. 그러는 사이에 상사의 아내는 힘껏 공을 걷어차며 결국 골인에 성공합니다.

여자가 "마음이여, 왜 나는 공을 골인시키지 못할까?"라고 묻자 마음은 "정 때문이야"라고 대답했습니다. 말 그대로 냉정한 아내가 상사를 더 잘 몰면서 자기 것으로 삼고 있었던 거죠. 그리고 마음은 이렇게 말했습니다.

"너는 아내의 게임 속에 들어가 공을 빼앗기고 골인도 못 하게 됐을 뿐이야. 아내는 그 공을 누구보다 잘 다루는 사람이야. 그래서 이 게임을 완전히 지배하는 거지."

"마음이여, 그럼 어떻게 해야 그 공을 빼앗고 내가 게임을 지배할 수 있을까?"

"공을 힘껏 걷어차!"

공을 힘껏 걷어찬다는 것이 상사를 탓하고 정신적, 육체적인 고통을 가하라는 뜻이냐며 마음에게 질문했습니다. 그러자 마음으로부터 "공을 아프게 하면 할수록 더욱 골인 가능성이 커지잖아?"라는 답이 돌아왔습니다.

· 내쳐지는 것을 사랑이라고 착각하는 사람들 ·

그때 여자의 머릿속에 자신이 상사를 탓하고 따지는 구체적인 장면이 떠올랐습니다. 여자는 '그런 성가신 일은 하고 싶지 않아'라고 느꼈다고 합니다. 그러나 그 순간 마음은 "그러길 원하는 공이라서 그래"라고 대답했습니다. 여자는 흠칫 놀라며 "혹시 그 상사는 괴롭히고 맞는 걸 좋아하는 취향이 있어?"라고 물었습니다. 그러자 "그게 공의 성질이니까"라는 마음의 대답에 여자는 상사를 향한 감정이 차게 식어버리고 말았습니다.

다시 말해, 아내한테 상사를 빼앗더라도 상사는 또 스스로 얻어맞기 위해 다른 여자를 만들 겁니다. 그렇게 되면 이번에는 여자가 관계를 유지하기 위해 그 공을 걷어차고 있을 것임을 깨달았습니다.

여자는 "마음이여, 그 사람과는 서로 존중하며 사랑을 키우는 가정은 만들 수 없는 걸까?"라고 물었습니다. 그러자 이번에는 주방에서 작은 공이 붙은 금빛 트로피를 열심히 닦는 모습이 보였습니다. 여자는 그런 이미지를 보여 주는 마음이 참 짓궂다고 느끼면서도 "마음이여, 내가 걷어차지 않는다면 상사는 자리만 차지하는 귀찮은 애물단지가 되는 거구나?" 하고 물었습니다. 마음은 곧장 "바로 그거야!"라고 답했습니다.

여자는 분노가 치밀었습니다. 왜냐면 아내가 마구 차서 엉망진창이 된 축구공을 가지려고 했던 자신의 모습이 떠올랐기 때문입니다. 여자는 낡고 망가진 공 말고 새것이 갖고 싶다고 생각하게 됐습니다.

"마음이여, 어떻게 하면 새 공을 가질 수 있을까?"

"근데 넌 원래 축구를 하고 싶었던 거니?"

"아니, 상대를 탓하고 걷어차는 관계는 싫어."

여자는 자신을 지탱해 주는 다정한 남자를 원했고, 연상에 포용력이 있어 보이는 그 상사가 그런 남자일 거라고 착각한 겁니다.

"마음이여, 어떻게 하면 그런 남자를 만날 수 있을까?"

"이세까지 사랑받지 못했던 것을 탄식하면서 눈물을 흘려 봐."

여자는 마음의 대답에 큰 충격을 받았습니다. '어떻게 마음이 그런 잔인한 소리를 하는 걸까?' 하고 놀랐죠.

하지만 곧 "그렇게 슬퍼할 때 위로해 주는 사람이 네가 원하던 사람이야"라는 마음의 말에 여자는 수긍한 모양이었습니다. 상사와 불륜 관계에 빠졌을 때 자신이 아내의 푸념에 시달린 상사를 위로하는 역할이었다는 것을 마침내 깨달았기 때문입니다.

여자는 기쁜 표정을 지으며 "그럼 한탄하며 울어 볼게요"라고 말하며 집으로 돌아갔습니다. 저는 그 뒷모습을 보면서 '정말로 크게 슬퍼하며 울까?' 하고 궁금해졌습니다. 여자가 더는 불륜으로 고민하지 않겠구나 싶을 만큼 씩씩해 보였기 때문입니다.

불륜을 저지르는 사람은 이 사랑이야말로 진짜라고 생각하기 쉽습니다. 그러나 사실은 이 사례처럼 서로 공을 빼앗고 빼앗기는 게임에 들어가 정말로 좋아한다고 착각하는 경우가 자주 일어납니다. 사랑받지 못했다는 기억이 남아 있다면 그 사람을 진심으로 좋아하는 일 대신 사랑받기 위한 게임이 시작되기 때문이죠.

변화를 만드는 1%의 마법

○ 상대를 진심으로 좋아하는지, 아니면 사랑받고 싶은 마음인지 냉정히 생각해 보세요.

5장

/

몸도 마음도
"건강"하게
살고 싶은
당신에게

큰 병에 걸린 것 같은
불안감에 시달린다

어느 날, 눈앞이 흐릿해지면서 평소와는 다른 느낌을 받아 인터넷으로 눈병에 대해 검색해 봤습니다. 그러다 지금 저의 증상과 일치하는 병명들을 발견했습니다.

'혹시 내가 이 병에 걸린 건 아닐까? 앞으로 시력이 점점 떨어지면 어쩌지? 검사해서 정말 큰 병이면 어떡해.'

불안이 엄습하는 바람에 좀처럼 잠을 이룰 수 없었습니다. 잠이 오지 않으니 더욱 눈앞이 부옇게 보여서 다급히 병원에 갔더니 "특별한 이상은 없습니다. 조금 신경 쓰이는 부분이 있지만 일단 경과를 지켜보죠"라는 진단을 받았습니다. 일단 안심했지만, 의사가 말한 '조금 신경 쓰이는 부분'이 마음에 걸려서 '혹시 서서히 진행하는 병인데 일부러 숨기는 게 아닐까?' 싶어 불안해지기 시작했습니다.

병원에서는 아무 이상이 없다는데 또다시 인터넷을 찾아봤습니다. 아픈 사람들의 체험기를 읽자 더더욱 잠들 수 없게 됐죠. 잠을 잘 못 자니까 아침에 일어나기도 힘들고 직장에 지각할 뻔한 적도 한두 번이 아닙니다. 일에 집중도 안 되고 예전 같지 않은 제 모습이 걱정스럽습니다.

· 느긋하게 살면 안 된다는 죄책감 ·

이 남자의 이야기만 듣고 진단을 내린다면 "우울 상태에서 오는 심기 망상입니다"라고 판단하고 "잠을 잘 수 없다면 정신과나 심료내과에서 치료를 받아 보세요"라고 권할 겁니다(심기 망상이란 실제로는 병이 아닌데 병이라고 확신하는 증상을 뜻합니다. 우울증이나 조현병 등에서 흔히 나타납니다). 그러나 마음에게 묻는다면 어떤 전개를 보여 줄지 궁금해서 남자와 함께 마음에게 물어보기로 했습니다.

"마음이여, 나는 왜 이렇게 병에 대해 불안감을 느낄까?"
"아무 일도 없는 인생에 드라마를 만들고 싶어서 그래."

저는 '이게 무슨 무례한 말인가' 싶어 초조했지만 남자는 은근 수긍하는 눈치였습니다.

"마음이여, 왜 드라마를 만들려고 하는 걸까?"
"느긋하게 사는 것에 죄책감을 느끼니까."

마음은 그 죄책감이 아버지에 의해 주입됐다고 가르쳐 줬습니다. 그는 언제나 꾸준하고 성실한 아버지로부터 '너는 참 느긋하게 살아서 좋겠구나' 하는 따가운 시선을 느꼈다고 합니다. 당시 학생이었던 남자가 가계를 책임질 수 없는 게 당연했지만, 나중에 일을 하고 돈을 벌게 돼도 '느긋하고 생산적인 일을 하지 않는다'는 죄책감이 따라다녔다고 했습니다.

"마음이여, 아버지와 한동안 만나지도 않았는데 왜 아직도 죄책감을 느끼는 걸까?"
"지금도 아버지가 너를 책망하고 있으니까."
"설마 아버지에게 '아무 일도 하지 않는 주제에!'라는 말을 듣고 싶지 않아서 큰 병에 걸린 드라마를 내가 만들어 낸 걸까?"
"그래, 맞아."

건강에 관한 불안이 열심히 일하는 아버지에 대한 죄책감에서 비롯
됐다니, 남자는 뜻밖의 사실에 깜짝 놀랐습니다.

"마음이여, 아버지한테 책망받는 기분을 없애려면 어떻게 하는 게
좋을까?"
"카이사르의 것은 카이사르에게."

그 대답에 남자는 대체 무슨 소리인지 전혀 이해하지 못했습니다.
그러나 가족이 기독교 신자라서 어릴 때부터 교회에 다니던 저는 그
것이 성서에 나오는 말이라는 걸 금방 알아차렸습니다. 그래서 남자
에게 "마음이여, 카이사르는 그 로마 황제를 말하는 거니?"라고 물어
보라고 하자 마음은 "맞아"라고 대답했습니다.

> **변화를 만드는 1%의 마법**
> ○ 머리로는 늘 부지런해야 한다고 생각하지만 몸이 따라 주지 않을 때가 있
> 습니다. 당신의 병에 대한 불안은 어떤 죄책감에서 비롯됐나요?

내 것이 아닌 불안감은
돌려보내라

↓

· 죄책감의 주인은 따로 있다 ·

'카이사르의 것은 카이사르에게.'

이것은 예수 그리스도를 모함에 빠트리려는 법률학자들의 일화에서 나오는 유명한 구절입니다(저와 달리 이 남자 내담자는 기독교인이 아닌 것 같지만 어디선가 이 구절을 보거나 들어서 마음에 떠올랐을 가능성이 있습니다). 법률학자들이 예수에게 "카이사르에게 세금을 내도 되겠습니까?"라고 질문했습니다. 그러자 예수는 세금으로 내는 동전을 가져오게 하면서 학자들에게 이렇게 물었습니다.

"(동전에 그려진) 이건 누구의 초상이며 누구의 기호인가?"

"카이사르의 겁니다."

학자들이 대답하자 예수는 이렇게 말합니다.

"카이사르의 것은 카이사르에게, 하느님의 것은 하느님께 돌려라."

만약 예수가 "신에게만 바치면 된다"라고 답했다면 로마 황제에 대드는 사악한 지, 반역자로 몰아서 처형할 속셈이었던 겁니다. 그러나 예수는 "그 사람의 것은 그 사람한테 돌려주면 된다"라고 설명함으로써 이 세상의 권위, 신 모두를 존중하는 일이 가능하다고 가르쳐 줬다는 일화입니다.

· 비난과 기대를 벗어던지면 자유가 찾아온다 ·

남자에게 이를 설명하자 남자는 왜 이 이야기가 거론됐는지 바로 이해하고 마음에게 이렇게 물었습니다.

"마음이여, 나를 탓하는 게 아버지라면 그걸 아버지한테 돌려주면 된다는 뜻이니?"

"그러면 돼."

"마음이여, 그런 걸 돌려주면 아버지가 힘들어하거나 병이 나지는 않을까?"

"그렇지는 않아. 그건 원래 그 사람의 것이었으니까."

남자는 그 말을 듣고 안심했습니다. 그리고 이렇게 말하며 기쁜 얼굴로 돌아갔습니다. "제가 불안감을 돌려준 바람에 아버지가 몸이 안 좋아지면 더 찝찝할 테니까요."

그 이후 남자는 '위장 상태가 안 좋은데 위에 심각한 문제가 생긴 건 아닐까?' 하고 불안해지면 '카이사르의 것은 키이시르에게'라고 되뇌었습니다. 그러자 놀랍게도 불안감이 싹 사라졌다고 합니다. 그전까지 이상했던 위장의 느낌이 바로 사라졌다고요.

몸 상태에 관한 불안감이 사라지자 '일을 제대로 하지 않는다'는 책망이 머릿속에 떠올랐다고 합니다. 그럴 때마다 '카이사르의 것은 카이사르에게'라고 되뇌면 누가 날 어떻게 생각하든 상관없다고 생각할 수 있다며 저에게 기쁜 얼굴로 설명해 줬습니다.

남자는 생활 습관도 싹 바뀌었습니다. 지금까지 불안감을 지우기 위해 텔레비전을 켜 놓거나 인터넷 동영상을 멍하게 보곤 했는데, 그럴 필요가 없어진 후부터는 천천히 식사하거나 목욕물에 몸을 담그기도 했습니다.

그러는 사이 남자에게 재미있는 일이 일어났습니다. 이제껏 해 본 적 없는 일을 도전하고 싶다는 마음이 들었던 거죠. 그리고 실제로 도전해 보니 제법 보람을 느껴서 이제까지의 자신이었다면 상상도 할 수 없었던 실적을 쌓게 됐다고 합니다.

가끔 주변 사람들의 기대가 주는 압박감과 또 몸이 안 좋아질지도 모른다는 불안감을 느낄 때도 있지만 '카이사르의 것은 카이사르에게'라고 되뇌면 '남들의 기대는 나와 아무 상관도 없다'는 생각이 들면서 자유로워졌습니다.

또한 허약한 체질이었던 남자가 "철인 3종 경기에 도전하기 위해 훈련을 시작했습니다"라고 말했을 때 저는 '정말로 몸의 상태는 기분에 따라 이렇게나 달라질 수 있구나' 하고 깜짝 놀랐습니다.

"사람은 누군가의 기대도, 책망도 전혀 짊어질 필요가 없어야 자유로운 거군요."

저는 기뻐하는 남자를 보면서 '1%의 마법은 이런 거구나' 하는 든든함을 느꼈습니다. 사람은 건강에 대한 불안을 품고 자신을 나약하다고 여기기 쉽습니다. 하지만 실은 그것마저도 자신이 만들어 냈을지 모릅니다. 아버지에 대한 죄책감이 건강하지 못한 자신을 만들었다는 걸 깨닫고 그 죄책감을 버릴 때 비로소 불안에서 해방돼 자유를 누리게 될 겁니다.

변화를 만드는 1%의 마법

○ 당신의 것이 아닌 죄책감은 그걸 심은 상대방에게 돌려줍시다.

병간호에 지쳐
나의 미래가 안 보인다

어머니가 건강했을 땐 제가 가는 곳마다 찾아와서 저에 대한 푸념을 늘어놓곤 했습니다. 항상 주변 사람을 끌어들여 제가 있을 곳을 없앴던 거죠. 그런 어머니가 건강이 안 좋아지자 저에게 간병을 부탁했습니다. 처음에는 보호자로 병원에 따라가기만 했지만 어머니가 점점 움직일 수 없게 되자 저는 식사, 청소, 빨래까지 맡게 됐습니다.

간병 일을 매일 하면 저도 체력적으로도 정신적으로도 못 버틸 것 같아서 어머니를 찾아가는 빈도를 사흘에 한 번으로 줄였더니 어머니는 일부러 화장실을 더럽히거나 목욕도 하지 않는 등 저를 난감하게 만들었습니다.

성인이 된 후 이제야 나만의 시간을 갖게 됐는데, 이번에는 어머니의 병간호를 안게 된 겁니다. 어머니의 상태가 나아질 희망은 보이지 않고, 그렇게 저를 힘들게만 하는 어머니에게 저의 시간을 빼앗긴다고 생각하니 앞날이 캄캄합니다. 쇠약해져서 누워만 있는 어머니를 보다가 나도 모르게 '빨리 돌아가시면 좋을 텐데'라는 경솔한 생각이 들 때도 있습니다. 그러면 죄책감에 시달려 괴로워집니다.

· 나를 작아지게 만드는 어머니의 평가 ·

간병 문제로 앞날이 캄캄하다는 여자 내담자와 함께 마음에게 질문을 던졌습니다. "마음이여, 대체 지금 무슨 일이 일어나는 거지?"라고 물어보니 마음은 "넌 어머니한테 휘둘리고 있어"라고 대답했습니다. "그런 건 나도 알아"라고 여자가 살짝 발끈하며 대꾸하자 마음은 이렇게 물었습니다.

"어머니가 일부러 그런다는 걸 아니?"
"마음이여, 어머니가 일부러 나를 괴롭힌다는 거니?"
"정답이야."
"그런 건 정답이라고 해도 조금도 기쁘지 않아."

마음의 의하면, 여자는 어머니의 간병을 간병인에게 맡길 수도 있었지만 어머니가 간병인에게 자신의 악담을 할까 봐 걱정돼서 자신이 직접 떠맡았다고 합니다.

그러자 여자의 머릿속에서 지금까지 있었던 일들이 떠올랐습니다. 여자가 다니던 미용실이나 골프 교실에 어머니가 나타나 자신의 악담을 퍼뜨렸던 일 말입니다. 그럴 때마다 여자는 더 이상 그곳에 다닐 수 없겠다고 생각하며 다른 곳을 찾았습니다. 안심할 만한 장소만 찾으면 매번 어머니에 의해 차례로 망가졌던 것을 기억해 낸 겁니다.

· 모든 짐을 짊어질 필요는 없다 ·

그때 마음은 재미있는 사실을 하나 말해 줬습니다.

"모두가 어머니의 푸념을 들어 주며 어머니의 편이 된 덕분에 너는 어머니와 얽힐 필요가 없어졌잖아?"

"그게 무슨 뜻이니?"

"어머니한테는 친구가 없으니까 네가 어머니를 돌봐야 했잖아. 하지만 어머니가 푸념할 사람을 만드니까 여태까지 너는 어머니와 얽히지 않고 자유롭게 살아온 거야."

여자는 마음의 말에 깜짝 놀랐습니다. 사실 여자는 지금까지 어머니의 수다 상대 덕분에 어머니를 돌보지 않고도 편히 지낼 수 있었던 겁니다.

여자는 문득 그런 생각이 들었습니다. "마음이여, 혹시 간병인을 들여서 어머니의 푸념을 듣게 하면 나는 자유로워질 수 있을까?"라고 묻자 마음은 당연하다는 식으로 "물론이지"라고 대답했습니다.

"그런데 그렇게 해도 될까?"라고 여자가 묻자 마음은 "네가 자유로워지는 게 더 중요하니까. 그리고 네 행복이 모두의 행복이야"라고 가르쳐 줬습니다. 정말로 어머니의 입장에서 보면 '빨리 돌아가시거나 하지!'라는 매정한 생각을 하는 딸에게 간병을 받는 것보다 전문 간병인의 정중한 대우를 받는 게 나을 거라는 생각이 들었죠.

"그런데 마음이여, 한 가지 문제가 있어. 어머니는 남의 눈을 너무 의식해서 남을 집에 들이는 걸 참 싫어하는데⋯."
"그럼 어머니에게 간병인이 멋진 방을 보고 싶어 한다고 말해 봐."

마음은 그렇게 알려 줬습니다. 여자는 어머니가 "어? 방이 보고 싶다고?" 하며 씩 웃는 얼굴이 보이는 것 같다고 하더군요. 그 후 여자는 조금 켕기는 기분을 느꼈지만 전문 간병인과 상담을 했습니다. 간병인이 어머니의 상태를 확인해야 했기 때문에 여자는 어머니에게 "간병인이 정정한 어머니를 보고 참고하겠다고 해서 집에 오는데, 괜찮겠어?"라고 마음이 해 준 조언을 바탕으로 슬쩍 의향을 물었습니다. 그러자 어머니는 "그럼 하는 수 없지"라며 방을 깨끗하게 청소하기 시작했습니다.

여자는 어머니에게 '거동이 불편한 거 아니었냐'며 따지고 싶은 마음을 꾹 참으면서 '이렇게나 움직일 수 있으면 어쩌면 간병인도 필요 없는 거 아냐?' 싶어 불안해졌다고 합니다.

· 내가 행복해야 상대에 대한 진심이 생긴다 ·

간병 수준을 확인하러 전문 간병인이 방문하는 날에 어머니는 얌전히 누워 있었습니다. 여자가 잠시 자리를 비키고 돌아오자 간병인의 눈빛이 싸늘해진 것을 알아차렸습니다. '아아, 또 어머니가 내 험담을 했구나'라고 느끼면서도 마음이 시키는 대로 일이 진행됐다는 걸 절절히 느꼈습니다.

그 후 간병인이 집에 찾아와 어머니의 편이 돼 준 덕분에 여자는 어머니의 집에 내쫓기다시피 하는 꼴이 됐죠. 어머니는 딸을 나쁜 사람으로 만들어 주변 사람을 차례로 자신의 편으로 삼았고 간병하는 사람을 점차 늘려 갔습니다. 어머니에 의해 내쫓긴 상태여서 여자는 이제 자신이 좋아하는 일을 해도 죄책감을 느끼지 않게 됐습니다.

그리고 마음이 말해 준 "네 행복이 모두의 행복이야"라는 말을 떠올리면서 더욱 즐겁게 살아야겠다고 생각했습니다. 또 자신이 즐거우면 쇠약해지던 어머니도 여러 가지 고민에서 해방돼 자유롭게 행동할 수 있게 되자 따뜻한 눈으로 바라보게 됐다고 합니다. 여자는 먼발치에서 한층 자유로워진 어머니를 바라봤습니다. 그리고 어느새 감사의 마음과 함께 어머니를 진심으로 존중하게 됐습니다.

요즘은 부모의 간병 이슈로 다양한 문제가 일어납니다. 이 사례처럼 힘들게 감당해야 할 문제인 줄 알았던 것도 알고 보면 스스로가 만든 강박이었다는 사실을 깨닫는다면 복잡한 간병 문제도 쉽게 풀릴지 모릅니다.

변화를 만드는 1%의 마법

○ 과연 내가 전부 감당해야 할 일이 맞을까요? 당신의 행복이 곧 모두의 행복이라는 사실을 기억하세요.

죽음에 대한 공포 때문에
하루하루가 괴롭다

|

'저런 일에 휘말려서 나도, 가족도 다 죽는 건 아닐까?'

저는 세계 곳곳에서 일어나는 테러나 분쟁과 관련된 뉴스를 볼 때마다 불안한 마음이 심하게 들어 고민입니다. 종종 인터넷에서 정보를 찾아보고 이런 일이 생긴다면 어떻게 해야 살아남을지 계속 고민하곤 합니다. 제가 가족에게 피난 준비를 해야 한다고 말하면 처음에는 가볍게 웃어넘기다가도 제가 하도 집요하게 말하니까 "이제 좀 그만해!"라며 화까지 냅니다.

예전에는 '방사능으로 병에 걸릴지도 모른다'는 생각 때문에 불안했어요. 지금은 전쟁이나 테러만 생각하면 일이 손에 잡히지 않을 때가 많습니다. 죽음에 대한 공포 때문에 괴로운 저는 어쩌면 좋을까요?

• 모든 것은 언젠간 반드시 사라진다 •

불안감에 짓눌리기 일보 직전이었던 이 내담자가 찾아왔을 때, 전문적인 소견으로는 신경 정신과에 갈 필요가 있다고 생각했습니다. 그렇지만 일단 이야기를 들어 보기로 했습니다. 여자의 마음이 과연 "병원에 가"라고 말할지 궁금해서 저는 여자와 함께 마음에게 물어봤습니다.

"마음이여, 지금 무슨 일이 일어나고 있니?"
"아무것도 없다는 것에 두려움을 느끼는구나."

제가 기대했던 마음의 대답은 "약을 처방받고 편히 쉬어"였지만 실은 그런 문제가 아니었던 겁니다. 마음은 또 이렇게 말을 이었습니다.

"아무것도 없다는 건 아름다운 일이지만, 너는 그 아름다움을 깨부수는 공포를 품고 있어."

그러나 여자는 이 마음의 말을 도통 이해할 수 없는 모양이었습니다. 도무지 이해할 수가 없어서 마음에게 "그럼 죽어서 아무것도 존재하지 않게 되는 건 공포가 아니야? 아무것도 없는 게 아름답다니 그게 무슨 뜻이니?"라고 질문했습니다. 그러자 마음에게 "두려워하니까 그 아름다움을 느끼지 못하는 것뿐이야"라는 말을 듣게 됐죠.

· 내가 없어도 세상은 잘 돌아간다 ·

"마음이여, 어떻게 하면 그 공포에서 벗어날 수 있니?"

"그 공포는 네 것이 아니라는 걸 깨닫도록 해. 공포를 느끼지 않으려고 하는 다른 누군가의 공포를 네가 대신 짊어지고 있는 거야."

여자는 마음의 말을 듣고는 더욱 영문을 알 수 없었습니다. 그 순간 여자의 뇌리에 '설마…' 하고 짐작 가는 일이 떠올랐습니다. 자신이 공포를 느끼고 가족에게 호소하면 할수록 가족은 점점 더 낙관적인 태도를 보이며 "그런 건 아무도 신경 쓰지 않아"라고 말했습니다. 어쩌면 자신이 초조해할수록 주변은 더 냉정하게 구는 게 아닐까 하는 생각이 들었던 겁니다.

마음에게 "이게 주변 사람의 공포를 내가 대신 짊어지고 있다는 거니?"라고 확인하자 마음은 "그래, 네가 주변 사람의 불쾌한 감정을 전부 짊어지고 혼자 불안해하며 괴로워한 덕분에 그들은 자유롭게 살아가고 마음의 평안을 얻지"라고 알려 줬습니다.

"마음이여, 그게 무슨 소리니?"라고 묻자 여자의 머릿속에 어떤 이미지가 떠올랐습니다. 가족이나 주변 사람한테서 더러운 물이 나와 자신에게 흘러드는데, 여자가 그걸 자기 머리로 받아 내며 처리하는 모습이었습니다.

마음은 "네가 불안을 짊어짐으로써 주변 사람을 돕고 있다고 생각하는 거야. 그러니까 자신이 없어지면 이 세상이 불행해진다, 다 붕괴해 버린다는 불안감이 생겨서 더욱 여기서 벗어날 수 없는 거지"라고 말했습니다.

마음의 말을 듣고 여자는 문득 이직했을 때 '내가 퇴직하면 이 회사는 끝장이야'라고 생각했던 것이 떠올랐습니다. 동시에 내가 나가도 회사는 전혀 불행해지지도 않고 오히려 점점 성장한다고 생각하니 억울한 기분이 들었습니다.

그때였습니다. 마음이 "봐, 네가 주변 사람들의 불행을 짊어지지 않아도 다들 잘만 돌아가잖아?"라고 말했습니다. 여자는 그 말에 '내가 없어도 다른 사람에게는 상관없을 수 있구나' 하고 깨닫게 됐습니다.

여자는 '아무것도 없다'는 것이 늘 불안했습니다. 하지만 '내가 없어져도 변하는 일은 없다'는 것을 알게 되자 어쩌면 좀 더 자유롭게 살 수 있을지도 모른다는 생각이 들었다고 합니다.

• 죽음에 대한 불안은 결국 지나간다 •

그때 마음이 "그럼 지금 심정으로 죽음을 생각해 봐"라고 권하기에 여자는 자신의 죽음을 상상해 보기로 했습니다. 그러자 괴로움도, 슬픔도 모두 사라지면서 새하얀 캔버스가 펼쳐졌다고 합니다.

그 캔버스 옆에는 나발(불상 특유의 동글동글한 머리 모양)을 한 승려가 앉아서 주변에 펼쳐진 모래로 캔버스에 그림을 그리기 시작했습니다. 아름다운 그림이 완성된 순간, 갑자기 강한 바람이 불면서 모래는 다 날아가 버리고 나시 새하얀 캔버스로 돌아왔습니다. 그러자 승려는 "봐, 원래대로 돌아왔지?" 하며 여자에게 웃어 보였다고 합니다.

다음에 승려는 어머니의 모습으로 변했다가, 그리고 아버지의 모습으로 변해 각각 흰 캔버스에 다른 그림을 그렸지만 바람이 불면 모래가 날아가 버려서 그곳에는 계속 흰 캔버스만 남아 있었습니다. 그 후에도 승려는 여러 모습으로 변해서 모래로 아름다운 그림을 그렸습니다. 이윽고 여자는 마음이 전하려던 게 무엇인지 깨닫게 됐죠.

"마음이여, 죽음은 얼마든지 두려워해도 괜찮은 거구나?"
"그래, 맞아"

아무리 캔버스에 그림을 그려도 그 그림은 순식간에 지워진다는 걸 알았기 때문입니다. 불안과 걱정도 때가 되면 순식간에 사라진다는 뜻이고 어차피 흰 캔버스로 돌아갑니다. 결국 아무리 걱정을 해도 별 문제가 없다는 겁니다. 여자는 "저 흰 캔버스 위에 마음이 비추는 아름다운 풍경을 언제까지고 바라보고 싶어요"라고 이야기했습니다.

그 후 여자의 삶은 지금까지와 전혀 달라졌습니다. 죽음에 대한 불안을 극복한 덕분에 무슨 일이든 쓸데없는 힘을 빼고 임하게 됐죠. 여자는 쓸데없는 힘을 빼자 이번에는 신기하게 사람들이 모여들어 '모두와 더불어 살아간다'는 감각을 얻을 수 있게 됐다고 합니다. 여자는 어느새 '내가 원하던 감각은 바로 이거다'라는 확신이 들었습니다. 이제는 죽음의 불안 저편에 있던 신기한 일체감이 여자의 삶에 들어오게 됐습니다.

> **변화를 만드는 1%의 마법**
> ○ 불안은 언젠가는 반드시 사라집니다. 그 사실을 받아들인다면 좀 더 편하고 즐거운 삶을 살아갈 수 있을 겁니다.

눈앞의 현실이
전부가 아니다

저는 줄곧 눈앞에 보이는 세상이 현실의 전부라고 생각했습니다. 통장을 보면 돈이 없는 현실에서 충분하지 않은 월급을 받으니 앞으로도 돈이 쌓일 일은 없겠다고 생각했죠. 저는 언제나 가능성이 아닌 한계만을 보고 말았습니다.

그래서 제 눈앞의 세상에도 온통 한계만 존재했습니다. 젊은 시절에는 '이제부터 시작이다', '이제는 정말 할 수 있을지도 모른다' 등등 한계를 뛰어넘을 수 있다는 긍정적인 꿈과 희망을 생각했지만, 나이와 경험이 쌓이면서 희망의 문은 닫히고 어느새 제 주변에는 꿈 대신 한계만 남고 말았죠.

그럴 때 "마음이여"라고 스스로에게 물어보면 마음의 대답이 둥실 떠올랐습니다. 하지만 그 대답은 지금까지 해 왔던 나의 생각과는 전혀 달랐습니다. 예를 들어 "나는 왜 돈이 없을까?"라고 물었을 때 "어차피 처음부터 돈은 존재하지 않았어. 모두 환상에 불과해"라며 평소에는 생각지도 못한 대답이 떠오른 거죠.

처음에는 이처럼 마법 같은 대답이 떠올라도 '내가 나 좋을 대로 생각해서 대답하는 걸지도 몰라'라며 의심했습니다. 그렇지만 저는 변하고 싶었습니다. 그래서 제 안의 아주 작은 1%의 가능성을 찾아 주는 '마음에게 묻는 생활'을 했습니다.

그러자 '좀 더, 더 많이!'라며 스스로에게 요구하는 수준이 점점 높아졌습니다. 현재에 만족할 수 없는 자신을 발견하자 곧 '1%의 가능성으로 내 한계를 뛰어넘었다'는 사실까지 깨닫게 됐습니다.

"마음이여"라고 묻는 생활을 하고 있으면 어느새 한계를 훌쩍 뛰어넘고는 저도 모르는 사이에 제 안에 있는 허들을 자꾸만 올리게 됩니다. 그래도 마음은 계속해서 허들을 뛰어넘습니다. 그러다가 아주 높은 허들이 제 눈앞을 막아서면서 "아무리 그래도 이건 못 넘겠지?" 싶은 한계가 찾아옵니다.

그런데 여기서 재미있는 점은 이 한계를 내가 만들었다는 사실입니다. 그래서 "마음이여, 난 이 허들을 뛰어넘을 수 있을까?" 하고 물어보면 곧바로 "그거야 당연하지!"라는 대답이 돌아올 수밖에 없고 자신의 놀라운 가능성에 "정말?" 하고 웃음을 터뜨리게 될 겁니다.

그 어떤 장해물이라도 마음은 마법처럼 무한하므로 바로 뛰어넘을 수 있습니다. 그래도 거기에 맞춰 따라가는 건 매우 힘듭니다. 저는 그럴 때마다 스스로에게 물어봅니다.

'한계가 있는 인생에서 살고 싶어? 아니면 뭐든 할 수 있는 가능성 가득한 삶을 살고 싶어?'

그러면 역시 무한한 가능성이 펼쳐진 삶을 살고 싶다는 대답이 들려오기에 때로는 마음을 향해 묻는 것이 무서울 때도 있습니다. 그냥 내 눈으로 보고 머리로만 생각하면 '그런 건 무리다'라며 쉽게 포기할 수 있지만 마음은 아주 사소한 가능성도 놓치지 않습니다. 마음에게 물으면 제가 생각하고 있던 한계는 그저 환상에 불과하고 언제든 뛰어넘을 수 있다는 사실을 깨닫게 됩니다.

마음은 나 자신의 능력만 무한으로 만드는 것이 아니라 인간관계에서 발생하는 한계도 간단히 뛰어넘습니다. 우리는 인간관계에서조차 '이 사람은 이러니까 안 돼'라는 믿음이나 편견에 속박돼 자유롭게 판단할 수 없을 때가 많습니다. 그럴 때 "마음이여"라고 물어보면 한계를 뛰어넘는 대답이 나오므로 상대방에 대한 집착과 편견에서 해방됩니다. 대신 지금까지 그 사람에게서 느끼지 못했던 안도감이나 일체감을 얻을 수 있습니다. 그야말로 내 안의 단 1%로 관계에 평화를 가져오는 겁니다.

현재 상황을 바꾸고 싶다면 마음이 가르쳐 준 대답을 순순히 잘 따라 보세요. 저는 제 한계를 뛰어넘은 세계를 보고 싶어서 "마음이여"라고 묻고 마음이 해 준 답을 그대로 실천하곤 합니다. 가끔 마음의 의도를 알 수 없을 땐 '왜 이런 일을 해야 하지?' 하고 의문을 느끼기도 하지만 우선은 시키는 대로 해 봅니다. 마음의 지시대로 행동하다 보면 나중에 마음의 의도와 목적을 이해하고 결국 긍정적으로 변하고 있는 내 모습을 발견하게 됩니다.

이 글을 쓰고 있는 저도 처음에는 마음이 알려 준 방법에 대해 '그건 좀 아니지 않나?' 싶어 제멋대로 행동했고 '마음에 대고 물어봤자 바뀌는 게 전혀 없잖아!' 하며 불만을 토로한 적도 많습니다. 그러나 그럴 때도 마음은 "괜찮아, 또 나한테 물어봐"라며 저를 다정하게 이끌어 줬습니다.

익숙한 자기만의 생각을 멈추고 마음이 지시하는 대로 행동하면 어느새 건강해진 내 모습에 깜짝 놀라게 됩니다. 그렇게나 잘 지치던 자신이 이렇게나 활력 넘치게 살아갈 수 있는 겁니다. 저는 "마음이여, 나는 왜 좀 더 빨리 달리지 못할까?"라고 말하며 원하는 것을 하나하나 이루어 갔습니다.

그러다 건강하지 못했던 삶을 뛰어넘고 급기야 더 강한 체력을 원하게 되면서 마음과 훈련을 시작했습니다. 마음이 말하는 대로 살아가면서 자유롭게 달리는 사람들처럼 되고 싶었기 때문입니다.

마음에게 물으면서 내 안의 가능성을 찾아 가다 보니 이제까지 건강하지 못한 삶을 살던 사람들과의 관계는 점점 정리되고 원하는 것을 이루어 가는 사람들과 인연을 맺게 됐습니다.

내 안의 1%의 가능성만으로 무한하게 살아가는 사람을 보면 '저렇게 살고 싶다'고 느끼면서 더욱 마음에게 조언을 구하게 됩니다. 마음의 목소리를 듣는 방법은 아주 간단하지만 매우 효과적입니다. 저는 지금까지 저의 발목을 붙잡는 건강하지 못한 사람들이나 인간관계에 대한 불안, 건강에 대한 걱정, 죽음에 대한 공포 등과 멀어질 수 없는 줄 알았습니다. 그러나 마음은 "그런 건 네 삶에 한계만 만들 뿐이니 더는 필요 없어"라고 단호하게 말하며 부정적인 마음을 전부 버리도록 도와줬습니다.

나의 한계를 만드는 모든 것들을 떨쳐 내니 제 발목을 붙들고 있던 족쇄가 풀어지고 원하는 대로 사는 사람들과 함께 희망찬 미래로 나아갈 수 있게 됐습니다. 그곳에 제가 진정으로 원하는 것들이 펼쳐져 있습니다. 1%의 마법 저 너머에 말이죠.

원하는 것이 모두 이루어지는

1%의 마법

1판 1쇄 2020년 6월 24일
1판 2쇄 2020년 7월 20일

지은이 오시마 노부요리
옮긴이 김진아
펴낸이 유경민 노종한
기획마케팅 1팀 정용범 **2팀** 정세림 금슬기 최지원
기획편집 1팀 이현정 임지연 **2팀** 김형욱 박익비
책임편집 임지연
디자인 남다희 홍진기
펴낸곳 유노북스
등록번호 제2015-000010호
주소 서울시 마포구 월드컵로20길 5, 4층
전화 02-323-7763 **팩스** 02-323-7764 **이메일** uknowbooks@naver.com

ISBN 979-11-90826-05-1 (03190)